シリーズ「志のチカラ」①

幸せな人持ち人生

著者■「志」作家 甲田智之
語り・監修■横井悌一郎

まえがき

こんにちは。監修者の横井悌一郎です。

私のこれまでの活動の良き理解者、実践者である「あなた」はむろんのこと、本書を通じて初めて「あなた」に、出会えたことをうれしく思います。

想像するに「あなた」は、素直で、向上心があり、そして、何より人間大好きな、リーダータイプではありませんか?

なぜなら、本書のタイトルにある言葉、「志」「幸せな人持ち人生」というキーワードに関心を持っていただけたからです。

この2つのキーワードを、より明確にして、実践し続けることができれば、あなたはこれから、自分が望む人生を手に入れることができるでしょう。

思いがけない長期闘病、悩み多い人間関係、そんな青春時代を送っていた私でしたが、その中で出会ったのが、D・カーネギー、松下幸之助さん、そして谷口雅春さんなどの先達でした。その著書が、当時の私の心に強く響いたのです。

人生の中で、若くして挫折を経験した私でしたが、結果として「人生を考える」ことができま

した。そして、

「人間は素晴らしい能力を持っていること」

「人を喜ばせ、良い仲間をつくること」

この2つに思い至ったのです。

さらに、このことを実践することで、道は拓けることを知り、「人間力磨きと人持ち人生」をライフテーマとしました。これが後に「ＬＭＰ」として結実します。


以来、公認会計士としてシステム思考を学び、色々な自己啓発の勉強をし、家業で経営実践をして、ＬＭＰ（ライフ・マネジメント・プログラム）ができたのです。

このＬＭＰは、松下幸之助さんの「君たちは皆、人生の経営者やで」という言葉から名づけました。

私たちの持っている人間力（思考力、行動力、人間関係力）を活かすことによって、幸せな人持ち人生（良き仲間に囲まれ、充実感の中で志が実現できる）を送るための、実践的プログラムです。

そして、このＬＭＰを学ぶ場として、「ＬＭＰ人持ち人生塾」を１９７６年に創設しました。


私自身も、数十年の学びと実践のおかげで、日々波長の合う仲間に囲まれ、お役立ちできる「幸せな人持ち人生」を実感しています。

志あるリーダーの成長と成功のサポートをすることが、これからの私の人生テーマです。

本著の著者である甲田智之さんも人持ち人生塾の仲間です。常に前向きで、人あたりが温かく、そしてユニークで楽しい人です。

作家として、志あるリーダーについて書き、読者の魂を揺るがし、成長をサポートすることが甲田さんの志です。ゆえに私と深く共鳴しています。

本書の企画は、２０１１年に『人間力の磨き方』を出版したときに、次はＬＭＰの歩みをまとめたいと話し合っていたのが実現したものです。

さて改めて問います。

あなたはどのような「志」を持っていますか？

あなたの今の目標は何ですか？

「志」は、あなたの当面の目標を深掘りして、未来につながるものです。

ＬＭＰでは３つの要素にまとめています。

1．理念（目的）

何のためにやるか？　を考えます。
基本は縁ある人々へのお役立ちです。
そのための自分とチームのレベルアップです。

2．ビジョン（中長期目標）

何年後（2～数年）にどのような状態になるか？　です。
オンリーワンづくり（商品・サービスの特色）、ファンづくり（喜んでくれるお客様）、幸せなチームづくり（ともに働くメンバーの成長とチームワーク）によって成果数字を上げます。

3．信条（基本習慣）

思考力、行動力、人間関係力を高める基本習慣を定着させて、人間力を高め、幸せなチームをつくります。

「志」の確立と進化のプロセスは木の成長に似ています。
良い種をまき、手入れを続けることでやがて大木となり花や実をつけます。

1．志の原点
先祖や両親の歩みに志のヒントがあります。

2．志のきっかけ
幼少期、学生時代、社会人初期からの想いが具体的な夢、目標となりその方向へ進み始めます。

3．志の展開
支持してくれる人が増え、段々と広がります。自信がふくらみ、様々なチャレンジをします。

4．志の試練
社内、社外、色々な壁に当たります。
自信を失い投げ出したくなりますが、良き出会いや気づきによって思い直します。

5．志の深化と広がり
原点の想いを深く考え、実践することで良き協力者や指導者が現れます。
深い理念や新たなビジョンが見えてきて、再チャレンジします。

3〜5のプロセスを繰り返しながらレベルアップ、スケールアップします。

6. 永遠の志

今やっていることを天職と信じて重続（改善しながら続ける）します。良きパートナーや後継者も現れます。この道を歩んで良かったと、感謝と喜びの日々となります。

本書でお伝えするこれらのプロセスは、私やLMPメンバーに共通する体験です。
あなたが本書を読むことで、自らの「志」を確立して幸せな人持ち人生を歩んでくれることを切に願っています。
私や甲田さん、本書に紹介されているLMP仲間に会いたくなったら、いつでも扉を叩いてください。待っています。

横井悌一郎

平成30年9月

《目　次》

第2章 志の高まり…LMP旗揚期

第5章　志の道標…LMP体系

プロローグ

志の原点

先祖・両親の生き方

1 大石内蔵助にお役立ち

その取材はまるで、何本もの映画を同時に観ているようでした。

ひとりの「志ある人間の物語」は、ひとりだけの物語にとどまらず、いろんな人たちと強く、深く、関わりながら、いくつものドラマを生み出してきました。

「タイトルは〈志のチカラ〉にしようと思うんや」

横井悌一郎塾長から言われたとき、正直なところ、僕は「それだけでは絶対におさまらない」と思いました。

「ともちゃん、どない思う?」

塾長は、僕のことを「ともちゃん」と呼んでくれて、いつも最後には「どない思う?」と意見を求めてくれます。

30以上も歳が離れているのに、僕を変わらず、ひとりの「友」として接してくれる。

そのこと自体が、塾長による「LMP(ライフ・マネジメント・プログラム)人持ち人生塾」が40年以上も愛されつづけてきた証拠なんだと思います。

きっと僕はこれから、『志のチカラ』というタイトル以上の「物語」をつくっていくことになる――。

それだけは確信していました。

そして。

数々のリーダーを支えてきた「LMP」というドラマが、ここからはじまります。

「LMPのルーツはな、やっぱり僕の先祖の生き方にあると思うんや」

会議室のテーブルには、「横井家由緒」と書かれた資料が置かれていました。

長曽我部氏、赤穂浪士といった「日本史」で学んだ言葉が並んでいて、僕は目をまるくして、その資料に目を通していました。

塾長はゆっくりと語りはじめました。

「ああ、この赤穂浪士っていうのはな、大石内蔵助が吉良上野介を夜討ちするときに、横井家の3代目がな、その荷物を播州から江戸へ、船で運んだんや」

「えっ？」

もともと横井家の初代は、阿波三好一族の家臣でした。

しかし土佐、長曽我部氏の進攻を受けて、播州赤穂に落ち、そこで製塩業をはじめます。

そして江戸時代、横井家の3代目は塩を運ぶ廻船問屋を営みました。

井筒屋という屋号で、大坂の天満屋など、名だたる問屋と全国的な取り引きをしていました。

その頃に、大石内蔵助の荷物を運んだというのです。

事実、「大石内蔵助は、（お礼に）金箔の唐紙を与えた」と史料にも残っています。

日本を代表する「歴史」に関わっている。

それだけでもうれしいのに、リスクのある中で、横井家3代目の「人のために何かしてやろう」という想いまで感じられます。

——人のために何かしたい。

たしかに、ＬＭＰのルーツがそこにはありました。

その「人のために何かしたい」という「志」は、まるで遺伝子のように連綿と受け継がれていきます。

3代目以降、着実に事業を広げていき、千石船を3艘も所有するほど、日本有数の廻船問屋になっていきました。

ところが、7代目のときに事件が発生。北海道沖で台風に遭い、事業の柱である3艘すべてが沈没してしまったのです。もちろん当時、保険のようなものはありません。

それでも7代目は決してあきらめませんでした。

「リーダーの考え方・行動の仕方が、繁栄か衰退かの〈鍵〉を握っている」

あきらめることなく建て直しをはかり、多岐にわたる事業を起こしていきました。やがて、8代目が木材業にたどり着きます。

それを引き継いだのが、9代目。すなわち、塾長の祖父でした。

2 イギリスから最先端の機械を導入

祖父の信条は、2つ。

「社会にお役立ちせよ。最大のお役立ちとは、縁ある人を育てること」

「人と同じことはするな。自分の長所を伸ばせ」

そして、激動の明治時代を駆け抜けていきました。

祖父の半生を聞いていくと、なるほど、まるで人と同じではありません。

まず、小学3年生で、学校を退学しています。

「先生。どうして1＋1は、2になるん？」

あるとき、そう尋ねたところ、先生から「そんな当たり前のことを聞くな」と言われたそうで。

「こんなことにも、きちんと答えられないなんて。そういう先生のいる学校に行く必要はない」

そう言って、自主的に退学したというのです。


あの発明王、エジソンも同じ質問をしています。

小学生のとき、「1＋1は、どうして2になるのか？」と先生に問い、「2つあるコップの水を足せば、2ではなく、むしろ1になってしまう。だから1＋1は1、とも言えるんじゃないか」

そう主張した、と言います。

塾長の祖父も同じ発想を持っていたのではないか、と思うのです。


先代から木材業を引き継ぎ、製材をはじめたときも、

「せっかくやるなら、イギリスから最先端の機械を入れよう」

そう言い、日本では誰も見たことのなかった機械を導入。英国に匹敵するほどの、最新鋭が揃う工場をつくりました。

さらに、まだ日本では数少なかった「自転車」も購入。その自転車にまたがって、颯爽と四国一周の旅行に出かけました。旅先では自転車があまりにも珍しく、高価なものだったために床の間に飾ってもらった、というエピソードも残っています。

とにかく、人と違うことを実践していきました。

「個性は、最高の財産である」

個性とは、他にはない「強み」そのもの。「叩かれるから出る杭にはなりたくない」と恐れるのではなく、個性をしっかりと打ち出していくこと。

つまり、「個性こそ、自分だけの強み」なのです。


お役立ちせよ、という信条についても、スケールが違います。

目の前にいる人への「お役立ち」に留まらず、後世の人たち、ひいては社会全体の「お役立ち」まで考えている人でした。

たとえば木材業において、「植林」という言葉さえまだ馴染みのなかった徳島に、黙々と「植林」を進めていきました。

植林は、手間がかかる上に、自分の代ではお金になりません。けれど、これからの日本を支えていく木材を用意するために、祖父はせっせと植林を進めていったのです。

「いつか必ず、日本の役に立つときがくる」

そうして植林を進めるため、買い集めた山のうちのひとつが、四国の霊山であり、日本百名山にも選ばれている「剣山」です。日本百名山のうち、唯一の民間所有です。

この「剣山」は四国の霊山として名高く、徳島県の最高峰であり、シンボルです。また、修験道の山として、山中には多くの神社を抱えています。

さらに山頂付近の「剣山御神水」は、環境省から名水百選にも選定され、名実ともに日本を代表する山のひとつです。

現在は、人間教育を推進する「横井人間力財団」の象徴として、毎年各地の「ＬＭＰ人持ち人生塾」の仲間たちが登山や研修を行なっています。

3 南九州で大規模な植林

「祖父のつぎが、塾長のお父さんですね」

そう言うと、塾長は少し照れたような表情になりました。

きっと、いろんな思い出がよみがえってきたんだと思います。


「父親も、ほかのご先祖さんと一緒で、〈人のために〉という想いの強い人やったな」

林業を通じて、人の役に立ちたい。

「植林はいつか必ず、日本の役に立つときがくる」

その想いから、すでに植える場所がなくなっていた徳島を出て、「植林に適した地」を求め、粉骨砕身、日本中を探しまわりました。

そして出会ったのが、まだ植林に関して手つかずだった地、南九州です。

「これからは、南九州だ」

そう決断。熊本県と宮崎県で、かなり大規模な植林を行ないました。

個人企業としては、塾長の父親が日本でもっとも多くの植林を行なった、と今でも語り継がれています。

それを証明するように現在、南九州が日本でいちばんの林業地帯になっています。

また、父親は徳島県の林業界、その改革にも乗り出しました。

当時の林業界は、市場に商品が出まわり過ぎている「買い手市場」でした。

「このままでは、みんなが損をするばかりだ。もっと自主的に販路を拡大していける〈林業家による共販〉をつくるべきではないか」

そして父は実際に、共販の会社を創設。初代社長に就きました。


「人を育てることが、自分の使命である」

使命感に駆られ、個人的な奨学金も出していました。

未来のある高校生、大学生に奨学金を出して、支援していく。つぎの世代を大切に育てていく。

そんな活動にも力を入れていました。

それだけではありません。

父親の代で関西へ越してきた横井家ですが、徳島にあった家を文化の拠点、「井筒館」として、図書館のようにつくりかえ、故郷に還元しました。

弓道をしていたことから、弓道場もつくったそう。おかげで、その地域は国体選手を輩出するなど、ずいぶん弓道の盛んなところになっていきました。

信用を重んじ、礼を重んじる、昔かたぎの父親でした。

そんな父親との思い出を、塾長に尋ねると、

「親父はビジョンを持って、強引に人を引っ張っていくリーダーやったな。その反面、ブレーンの話にもよく耳を傾けて、それがきっかけで南九州進出、大阪移転につながったんや。まあ、田舎では怖かったけど、関西に出てからはいろんな人を紹介してくれたり、一緒にゴルフしたり」

年を重ねるごとに、まるくなっていったようです。

「家業を引き継いでから、一時期はうるさくも感じたけど、晩年は何だか愛しくなってきて。亡くなってからは、いつもそばで見守ってくれているように感じるわ」

すべての男子にとって、父親は教師でもあり、反面教師でもあります。

塾長もそう感じていた、と言います。

「親父のようにビジョンを持った、強いリーダーになりたい、と思う反面、独りよがりなところ

とか、本当には仕事に惚れこんでいなかったところは、反面教師になってるかな」

塾長の父親は、もともと科学者になりたかったのだそう。しかし兄さんが若くして亡くなり、跡を継ぐことになりました。

また、地元の名士として目立つ存在だったので、本当の友人は少なかったようです。

ときどき見せる、父親の淋しそうな姿が、強烈な印象として残っている、と塾長は振り返ります。

「……心からの仲間がいれば、幸せな人生を送ることができる。それこそ人持ち人生、人生の真の目的ではないか」

もしかしたら、塾長の「志の原点」がここにあるのかもしれません。


一方、塾長の母親はまじめで、優等生でした。

名門高校に通い、成績はつねにトップクラス。卒業総代にも選ばれ、皇族の方が来られた折には、代表としてお世話をされたそうです。

母のことを語る塾長は、まるで幼い少年が母親を見つめるときのようでした。

「とにかく真面目で、何ごともていねいにする人やったな。5人の子育てを一所懸命にやって、人と接するときにも気を配って、料理もおいしかった」

塾長は当時を思い出したように、うんとうなずきました。

「父はマイペースで自由人やったからな。フォローが大変やったと思うわ」

大人になるにつれて、親のありがたさが身に沁みてくるもの。

塾長が入院したときには、何度も足を運んでくれたそうで、本当に優しくて、とても温かい母親でした。塾長は言います。

「……晩年、会社のリスク対応で心配させてしまったから。それがとても申しわけなかったなあ」

第1章

恋のきっかけ

LMP黎明期《れいめいき》

1 自然の中でのびのびと

「……むかしから、ちょっとドジなところがあってな」

塾長は気負いなく、自然体で笑います。

徳島の田舎で生まれた横井少年はゆたかな自然の中で、のびのびと育ちました。

ただ、よく「ぼーっ」としている子どもだったそうで、それゆえ「ドジなこと」もいっぱいしてきたと言います。

たとえば、川遊びに明け暮れていたとき。

ふとしたことで溺れかけて、姉に助けてもらったことがありました。

その後、今度は海で溺れかけて、そのときも姉に助けてもらい、まさに命の恩人。いまでも姉には頭が上がらないそうです。

わんぱく少年は、木登りも大好きでした。

庭に大きな樫の木と柿の木があって、毎日のように登っては昼寝をしたり、おサルさんみたいに柿を食べたり。

ところがある日、樫の木からドンと落ちたことが。

失神すること、1時間。塾長自身は覚えていないけれど、まわりは大騒ぎをしていたようです。

さらにもう少し成長すると、イタズラ心もむくむくと起こってきます。

近所の悪い友だちと集まって、

「ここに落とし穴を掘って、だれかを落とそうぜ」と打ち合わせ。

せっせと落とし穴を掘って、肥溜めから汚物まで運んできて、落とし穴に入れて。

「やった、完成したぞ」

友だちと盛り上がりました。けれど、喜んだのもつかの間、その落とし穴に落ちたのは、横井少年自身。そんなうっかりな一面もありました。

2 人間好きのルーツ

人との出会いは、人生のターニングポイントになります。

ＬＭＰには、そんな「出会い」がいくつもあります。

人持ち人生塾という名前のとおり、どこまでつながっていくのだろう、と思うほど、「人のつながり」がつづいていくんです。

「ともちゃん、米ちゃんと会ったことあるかな?」

塾長の「会ったことあるかな?」は、「出会い」のはじまり。

ちなみに「米ちゃん」とは、株式会社グローアップの米田社長。後ほど「実践事例」にも登場される、感謝経営を徹底する経営者です。

そういう風にして、塾長からたくさん「出会いのきっかけ」をいただき、志のあるいろんな方とつながっていきました。

そんな出会いのきっかけをいくつも提供してきた塾長。当然、塾長のまわりには、自然と人が集まってきます。

その原点を尋ねていくと、「いとこ会」という塾長の原体験がありました。

塾長には、4人の姉妹と母方に7人のいとこがいました。

そのうち9名が女の子で、男は3人だけ。もう2人の男の子は、塾長よりもずいぶんと年下で、自然と塾長がリーダーシップを発揮するようになっていきました。

休みになると母親の里に集まって、お昼は広い庭で、みんなで運動会みたいなことをしたり、裏の畑でスイカやブドウをとったり、夜になったら、演芸大会をしたり。

4人の姉妹とは、今もお互い助け合いながら、仲良く交流しています。

楽しいことは、みんなと楽しむ。

何かあったら、お互い助け合う。

それが、「まわりに、自然と人が集まってくる」理由なのかもしれません。


徳島といえば、阿波踊り。

いまや、全国から観光客が訪れる、日本を代表する祭りになっています。

塾長が子どものころ。家の前の広場で、近所の人たちが阿波踊りに備えて、ずっと練習をしていたそう。横井少年は、その様子を見たり、ちょっと一緒に踊ったり。

祭りがはじまるまでの1ヶ月ぐらい、ずっとそうしていました。

「今でも、あのリズムを聞いたら、血が躍るわ」

塾長はゆかいに笑います。

阿波踊りの魅力は、踊りやリズムだけではありません。

「みんなが、主役」

これこそ、阿波踊りの魅力。

だれかがやぐらで太鼓を叩くわけでも、囃子をするわけでもありません。みんなが主役になっていく。みんなを主役にしてくれる。

塾長のリーダーシップの秘訣、幸せなチームづくりの秘訣が、もしかしたら阿波踊りにあるのかもしれないな、と思いました。


落語、漫才も大好きだった横井少年。

「見るだけじゃなくて、やってみたい」

そう思い、小学生のときに当時、ラジオで人気だった「漫才教室」を真似て、開催しました。みずから台本を書いて、舞台にも立ち、学芸会ではかなりウケたのだそう。

後年、桂枝雀さんの落語にハマったきっかけも、このときにあるようです。

そのときも「見るだけじゃなくて、やってみたい」と、林家竹丸さんに個人レッスンを受け、人持ち人生塾の夏行事で「寝床浄瑠璃」を演じて、喝采を浴びました。

ちなみに林家竹丸さんは、インテリ落語家。神戸大学を卒業後、ＮＨＫに入社。取材記者を経て、落語家に転身した方です。


何かを企画して、そちらの方向へチームをまとめていく。

塾長は、自然とその感覚を育んでいきました。「いとこ会」も、「漫才教室」の取りまとめもそうです。

経験ひとつひとつがチカラとなって、中学生のときには生徒会長、さらにはバレーボール部のキャプテンと、チームをまとめていく存在になっていきました。

ただ、そのときから今に至るまで変わらないことがあります。

それは「トップの独断ではない」ということ。

パートナーを何名か揃えて、その人たちに支えられながら、全体をまとめていく。この基本パターンが中学のときにはすでにできあがっていました。


——順風満帆な少年時代。

けれど、決して長くは続きませんでした。

横井少年を取り巻く環境がガラリと変わったのです。

父の経営していた大規模な製材工場が、不況のあおりを受けて傾いていきました。

「……このままでは全員が沈んでしまう」

父親は泣く泣く、一部の従業員を解雇する、という決断を下しました。

——それがきっかけとなりました。

解雇された従業員たちが毎夜毎夜、横井少年の家を取り囲み、石を投げこみつづけたのです。

硬い石は壁にあたり、木にあたり。カシャン、と窓を割っていきました。

そのとき、横井少年は心が擦り切れるほどの痛み、底知れない恐怖とともに「人間関係の大切さ」というものを強烈に感じました。

石は止むことなく、投げられつづけました。

「……彼らの痛みもわかるんだ」

父親はそう思い、何とか耐えていましたが、やがて「いつか子どもたちが怪我をしてしまう」と判断。徳島市内の旅館へ、家族まるごと逃げ込みました。

籠城すること3ヶ月。

その期間は幼い横井少年にとって暗く、長いものでした。

何もできません。外にもほとんど出られず、もちろん学校も休まなければなりません。新聞を見ると、「労働争議」の記事が父親に厳しく掲載されています。

「明日にはどうなるかわからない」

おびえながら過ごすことしかできませんでした。

「……本当の幸せって、人と人とのつながりにあるのかもしれない」

3 終生の友ができた高校時代

そして、転機が訪れます。

父の南九州進出を機に、大阪へ拠点を移すことになったのです。

入学した「神戸高校」は素晴らしい学校でした。

まるで引き寄せるように、仲間にも恵まれました。たとえば、高校でのはじめての友人、佐藤公紀さんとは、３年間同じクラスで勉学をともにしました。

その縁は、そこで切れませんでした。

「高校、大学のときの友だちは、いまでも僕の大切なブレーンや」

言葉どおり、人生の要所で、高校時代、大学時代の友人が登場します。「人持ち人生」とはその場しのぎではなく、長く友だちと関わりつづけること。会いつづけること。

塾長は高校時代からすでに、そのことがわかっていたのかもしれません。

佐藤さんも例外ではありません。

のちに優秀な営業力を生かした佐藤さんは、文房具で起業。自社ビルを持つまでに成長させていきましたが、バブル崩壊とともに会社を清算することになりました。

ただ、佐藤さんはここであきらめませんでした。

その清算ノウハウさえ、コンサルティングの糧としました。さらに営業コンサルも合わせて、再起。後に塾長がピンチのときも救ってくれたと言います。

また、小網和秀さんも神戸高校の同窓生。

高校時代にはあまり関わりがなかったものの、幅広い見識とバランス感覚の良さがあり、卒業してから改めて信頼関係が生まれ、いろんな意見を交わす仲になっていきました。

小網さんは三和銀行に入ったのち、田辺製薬に移り、管理部門の専門家として常務にまでのぼった方。退職後、横井林業の顧問として良き相談相手になりました。

「自分のまわりを見れば、今の自分が見えてくる」

世の中とは不思議なもので、自分の考え方と似ている人たちが、自然と集まってくるようにできています。

どんな人と一緒にいるか、どんな考えの人たちに囲まれているか。

それによって、今の自分が見えてくる、というのです。だからこそ、ＬＭＰ人持ち人生塾は塾長に似た「前向きなリーダー」を引き寄せつづけているのかもしれません。

今も親しくしている、田中清史さん。

同じ神戸高校の出身で、大学時代は空手部の仲間。卒業後は、住友商事の営業部長、関連会社の社長をした、営業のプロ。

顧客目線からの本質をつくアドバイス。いつもユーモアの固まりで、塾長の良きパートナーです。

異色の友人、大橋泰弘さんもそうです。エンターテイナーであり、笑いの達人。宝塚歌劇で舞台美術の責任者をして、宝塚の殿堂にも入っているその世界での超有名人です。

ゆたかな感性を持ち、違った角度からの意見がとても参考になる、と塾長は言います。

このようなバラエティゆたかな仲間たちと今でも交流をつづけ、毎週集まって食事をしたり、囲碁をしたり、ゴルフをしたり、と笑いの絶えない時間を過ごしています。

各界で活躍する人材に育っていく。人間力が磨かれていく。そんな神戸高校の校風が良かった、と塾長は言います。

その校風をつくっていたのは、当時の高山校長でした。

「文部両道で、リーダーになれ」

「志を持って、前向きに生きていけ」

実際にそういう生徒たちが集まり、自由な校風の中で仲間と揉まれながら、自分の可能性を広げていくことができました。

兵庫県有数の進学校であり、合唱では当時日本一、サッカー、バスケットは国体常連校として文武両道の実績を残しました。

また、クラス別対抗の合唱大会、バレーボール大会の折には、中学時代バレー部キャプテンとして活躍した塾長が、優勝に貢献したそうです。

「何でも話し合えて、協力し合えて、お互いに認め合っている。僕の人持ち人生は、高校時代の親友グループがモデルになっているかもしれへんなあ」

4 受験から学んだ脳の活用

神戸高校時代、はじめから好成績だったわけではありません。

1学年600人いるうち、500番目ぐらいの成績でスタートした横井塾長。大きく出遅れていましたが、じつはそのとき、あまり焦っていなかった、と言います。

「目先の対応をするより、やるなら学習の基本から学ぼう」

そう思い、受験に関する雑誌『蛍雪時代』や脳科学の本などを読みながら、「勉強のやり方そのもの」を3ヶ月間、徹底的に研究し、とことん試しつづけました。

その中で、「目的・目標・計画を明確にすること」を学び、それを実践するためには「仲間」が必要である、ということを知りました。

「何のために、勉強するのか」

目的を明確にすること。これはやがて、ＬＭＰの基本習慣「磁力ある目標の設定」につながっていきます。

経営も同じこと、と塾長は言います。

「やみくもにするんやなくて、先人の知恵に学ぶこと。目的・目標・計画を明確にすること。それを実践するために、仲間をつくること」


そして当時の塾長は、「自分は何のために勉強するのか」を考えました。

すでに、脳のチカラに興味を持っていた塾長は、「人間最大の財産は、脳である」「人間はみな、素晴らしい脳を持っている」ということに感銘を受けていました。

「この素晴らしい脳のチカラを開発して、充実した人生を送りたい」

それが、ひとつめの目的。もうひとつが、「一生の友をつくろう」ということでした。


つづいて、目標設定です。

脳のチカラを開発するため、一生の友をつくるためには、自由であり、個性ゆたかな京都大学が良いだろう、と塾長は考えました。

のびのびとした風土の中で、ノーベル賞受賞者も多数輩出しています。

「京都大学にはきっと、おもしろい仲間がたくさんいる」

そう思い、「京都大学へ行くこと」を目標として、受験勉強を開始したのです。


目的を明確にして、目標を立て、つぎに進めたのが「計画」でした。

中でも大切にしたのが「週の計画」です。

もちろん長期的な、1年とか学期別とか、そういう計画も大切だけれど、より具体的にイメージできる「週の計画」を大切にすること。

1週間のスケジュールに、「今日はここまでやろう。明日はここまでやろう」と書き込んでいきました。

塾長は言います。

「受験は結局、知識をいかに効率的に覚えこむか、ということ。それはつまり、〈基本をくり返す〉ということなんや」

勉強の基本は、教科書にあります。

「読書百遍、意おのずから通ず」

ことわざにもあるとおり、100回読むことで、自分の身になり、血となっていく。塾長は基本となる7教科の教科書を「100回、読もう」と決意しました。

ただ、わかっているところを100回読んでも面白くない上に、効率的ではないので、読みながら重要なところには赤色のアンダーラインを引いていきました。

つぎに読むときは赤色のアンダーラインだけを読み進めて、わからないところにはさらに、色を変えてアンダーラインを引いていきました。


合わせてテープ学習も進めていました。

アンダーラインの引いたところをテープに吹き込んで、本を読むのに疲れたときは、ずっとテープを聞いていたそうです。この習慣は今も続いています。

基本ができてくると、問題集で応用力をつけます。理解度に応じて○や△、×を書き込んでいきます。
△を○にするため、×は△にするため、その部分は重点的に解いて、じっくりと向き合っていきました。
やがて、すべてを○に変えていくと、いつのまにかわからないところがなくなっていた、と言うのです。


そうした中で、「読書力」の重要性にも気づいていきます。

読書は、思考や想像をゆたかにしてくれるもの。

もともと本好きな青年でしたが、苦手な英語も「読書力」でカバーした、と言うのです。

夏休みに「ちょっと英語の原書を1冊読んでみよう」と、興味のあるものを読み進めて、英語力が大幅にアップした、ということもありました。

中でも「塾長らしいな、LMPらしいな」と思ったのが、「仲間との協力」です。得意な科目の問題を互いに出し合って、相互にアドバイスをしていく。楽しく、仲間たちと一緒に目標へ向かっていく。まさに、今のLMP人持ち人生塾のカタチそのものです。

すると、高校1年の1学期では500番台だったのが、秋の模擬試験には200番台へ上がって、さらに高校2年生の1学期になると、上位10名に名前を連ねるようになりました。その後、卒業まで上位10名から外れることはなかった、と言います。

派手さはありません。けれど、その分、難しいことはひとつもなく、確実に「実力」をつけていけるものばかりです。

基本を知って、基本をくり返していく。

生き方も、仕事も同じです。基本がすべての出発点です。基本の延長線上に、応用があるのです。LMPは、仕事の、そして生き方の「基本」をしっかりと学んでいくものです。

結果的に、長く成功していくのです。

結果が出てくると、面白くなっていく。

やるなら、楽しく。楽しいことは、仲間たちと一緒に。

「自分だけ学んで、自分だけ良くなるっていうのでは、どうも満足できへんねん。いろんな人にその方法論を伝えて、みんなで良くなっていきたいんや」

クセのようなものかもしれない、と塾長は笑います。

実際、この方法論を用いて家庭教師をしたところ、教わった生徒たちがのきなみ成績を上げていきました。

塾長だけの効果ではなく、ちゃんと汎用性があったのです。

5　闘病中に出会った人生の師

京都大学に進学して、空手部に入りました。

「えっ、空手部ですか？」

僕の意外そうな表情を感じ取ったようで、塾長はちょっと恥ずかしそうに、その理由を話してくれました。

それは大学生になったばかりのこと。

不良の高校生に恐喝されて、千円を奪われた、と言うのです。

「これはやっぱり、ケンカに強くならないかん」

そう思い、空手部の門を叩きました。

ケンカに強くなりたい。

まるで少年のような、とてもまっすぐな動機。素直であり、ちょっと単純。こういうところが、塾長の「人間らしい」魅力だと思います。

畑違いの空手でしたが、熱中すると止まりません。

1年、2年と空手の練習に明け暮れました。授業にもほとんど出ず、試験直前に押さえるところだけうまく押さえて、単位を取得していきました。


ここでも、終生の友、のちに塾長を支えていくブレーンたちと出会っています。

たとえば、林業界のトップ企業「住友林業」で、山林部長を務めた三宅晨一さんも、京都大学空手部の後輩。口数は少ないけど信義に厚い男、と塾長は言います。

卒業してからも、「同じ業界やから交流しよう」とどちらからともなく声をかけ、交流をはじめ、現在では横井林業の顧問をしてもらっています。

ところが、またしても転機が訪れます。

それは、大学3年生のとき。春の大会前、よく寝汗をかくようになっていました。

体調も優れない。そこまで深刻に考えていませんでしたが、姉から「病院へ行け」としきりに勧められたので、仕方なく病院へ行ってみたところ。


――結核。

突然の入院生活でした。

ほとんど毎日、空手のトレーニングで身体を動かしていたのに、突然、自由を奪われたように、何もできなくなってしまう。病室に、ぽつんとひとり。

けれど、塾長は前向きでした。

「よし。読書をしよう」

闘病生活を、大切なチャンスだと考えていたのです。


そして、2年間の闘病生活の中で、ひたすら読書をつづけた塾長はのちの人生を大きく変える、3人の師匠と出会うことになります。

デール・カーネギー、松下幸之助、谷口雅春の3人。

全員に共通しているのは、「人間はみな、素晴らしい能力を持っている」と訴えていること。

ひとりの例外もなく、みんな素晴らしい能力を持っているのです。

ＬＭＰでも、この「事実」を大切にしています。


デール・カーネギーの著書『道は開ける』と『人を動かす』は、塾長の人間観に新たな風を吹かせました。


「人間の能力は、無限である」

「目標が、能力を引き出す」

「もっとも重要な目標は、良き協力者をつくること。協力者をつくるためには、相手の強みを認める〈重要感表現〉が大切である」


そして。

「こう振り返って考えてみたら、松下さんこそ、終生の師やなあ」

塾長は語ります。

事業家としての松下さんはもちろんですが、それ以上に「人が大切」という基本を、徹底的に教わりました。まさに松下さんの金言「企業は人なり」に集約されています。


人間とはどういうものか。

人間という存在を、どう捉えているのか。

その「人間観」こそ、人持ち人生、幸せなチームづくりへの入り口です。松下さんは「人間とは、ダイヤの原石である」と明言しました。

「磨いたら、みんな光るんや」

ＬＭＰの「人間観」である「進歩無限」もここから来ている、と言います。

もうひとつ、「全員が、自分の人生の経営者である」という考えも、松下さんから学びました。自分の人生をいかに経営していくか。

つまり「ライフ・マネジメント」。そう、ＬＭＰこと、ライフ・マネジメント・プログラムという名は、ここから着想を得たものなのです。

「……いつか、松下さんに会ってみたい」

彼の本を読みながら、塾長は病床でそう思うようになっていきます。その夢は、そう遠くない先で、叶うことになります。

最後の谷口雅春さんは、世界の宗教を研究して、著書『生命の実相』にまとめ、稲盛和夫さんはじめ、多くの人に影響を与えた人物です。

あなた、という存在が、いかに奇跡の重なりのうえに存在しているか。それはもう何か、偉大なもののチカラが働いている、としか思えない。

そういうＬＭＰの基本思考の根幹を唱えつづけた方です。

——人間は、神（サムシング・グレート）の子である。

そして、人生の目的とは「魂（人間の本質）磨き」と「人喜ばし」に尽きる。


塾長はよく「サムシング・グレート」と言います。

遺伝子工学の権威である、村上和雄さんが提唱した「サムシング・グレート」。言葉のとおり、「何かわからない偉大なもの」という意味です。

たしかに、僕たちの肉体、脳の素晴らしい仕組み、もっと言えば、存在そのものも「何かわからない偉大なもの」のチカラが働いているようです。そうでなければ、説明がつかないのです。

人によっては「サムシング・グレート」を「神」と考える方もいるでしょう。

塾長は言います。

「けどな、神っていうと各々の解釈があって、誤解を生むかもしれへん。だから〈サムシング・グレート〉って呼んでるんや」

谷口さんは、伝えています。

生きていく中で、幾多の課題にぶち当たるかもしれませんが、そのすべては仮の姿であって、本当は「本来の神のごとき、自分（実相）に近づくためのきっかけ」なのです、と。

「じつは、そのときはまだ、いまひとつピンと来てなかったんや」

この学びが花を咲かせるのは、まさに「成長のきっかけ」となる試練が、塾長のもとへ次から次へと訪れたときです。

結核を患ってから50年以上経っているけど、思い返せば、そのときに学んだことを実証するために、いろんなことをやってきたように思う、と塾長は言います。

「基本的な考え方は、ほんまに変わってないなあ。いろんな体験をしてきたおかげで、その学びが信念へと変わっていった感覚やな」

それはまるで、静かな修行のような期間でした。

２年間の療養生活の中、読書を通じて、「人間」としてひとまわりもふたまわりも、大きく成長した塾長は、「人間力を磨くこと」と「人持ち人生」を人生のテーマとしました。

そして、さらにビジネスリーダーとしても成長していくために、「会計」のゼミへと進みます。

当時、塾長はすでにはっきりと思っていました。

「志のあるリーダーをサポートしたい。そのための知識として、会計は大切である」

さらに父の友人であり、ずっと温かく見守ってくれていた公認会計士の野瀬健三さんのアドバイスもあって、本格的に公認会計士を志しました。

当然、京都大学に匹敵するほどの難関資格です。

けれど、塾長はむしろ、「大学受験でのノウハウを生かしたい。自分の勉強方法が通用するのか、試したい」という思いで、わくわくしていました。

果たして、そのノウハウの正しさを証明するように、みごと公認会計士の資格を取得します。

第2章

志の高まり

LMP旗揚期《はたあげき》

1 カーネギークラブで基本トレーニング

机上だけの学びは、きっと身につかない。

——ＬＭＰの基本習慣「ＰＤＣＡ」。

Plan（計画）、Do（実行）、Check（確認）、Act（改善）をくり返しながら、「習慣化」していくこと。そうすることで「自分のもの」になっていくのです。

つまり、「実行」しなければ、何もはじまりません。

療養生活の中で、大量の本を読みあさってきた塾長。

「やってみたい。実践してみたい」

気持ちがむくむくと膨らんで、読書会も兼ねて、カーネギーの著書『道は開ける』『人を動かす』を中心に、書いてあることを片っ端から実践。

その実践会を、「カーネギークラブ」と名づけました。

「カーネギーの著書が中心の勉強会だから、〈カーネギークラブ〉なんですね」

なにげなく尋ねると、塾長は照れながら、

「まあ、それもあるけど。……英語のほうがカッコええかな、と思って」

「そんな子どもみたいな」

また、塾長の「人間らしい」ところが顔を出しました。

20名ぐらいの規模ではじめた「カーネギークラブ」。

場所は、兵庫県西宮市。前向きで行動的な友人の林業家、田中善彦さんのところに集まって、2か月に一度、開催していきました。

「そうそう、林業家の仲間とはべつに、〈フロンティアクラブ〉っていうのもつくって交流を深めたなあ。そのメンバーは今、各地域のリーダーとして活躍してるわ」

自分だけ学んで、自分だけ良くなるのは、どうにも満足できない。塾長はそうして仲間を増やしていきました。

カーネギークラブについても、はじめは塾長のまわりにいた、高校の友人、大学の友人を集め、やがて年齢とともに会計士、林業仲間も加わっていきました。

その中に、以来数十年、塾長と苦楽をともにしてきた、商店広告デザインの角谷俊彦さん、愛称「すみやん」が出入りするようになります。

じつは、すべての取材に同席してくれた角谷さん。

その場に居合わせた角谷さんに、塾長との出会いを尋ねたところ、

「懐かしいなあ」

と呟き、大きく2回、首を横に振りながらうなずきました。

この横に振る「うなずき」こそ、角谷さんの真骨頂。「聞き上手のすみやん」として、LMPの中でなくてはならない存在となっています。


同じ頃、話し方を学ぶために「関西言論科学研究所」に入学。

講師の志水実一先生から、「ハイ、よろこんで」という前向きな心構えと「話し方は、聞き方から」という相手の立場に立つ姿勢などを学びながら、実践を重ねました。

そして、大学からはじめた「カーネギークラブ」は、社会人になっても、絶えることなく10年ぐらいつづきました。

それが、今のLMPの前身です。

勉強会を主催する一方で、「人生の師を求める学び」も忘れませんでした。

たとえば、社会事業家である常岡一郎先生の「中心会」にも参加。

――とにかく「人に与えきる」という生き方を通して、「徳」を積んでいく。欲しがるばかりでは、むしろその欲しいものは得られない。


常岡先生は青年期、不治の病である結核にかかりました。

「……この病気にはいったい、どんな意味があるのだろう」

いろいろ研究を重ねた結果、「病気は天からの手紙である」と気づきました。自分の心配ばかりするのではなく、もっとまわりに心を向けよ、まわりを喜ばせよ、という手紙。以来、常岡先生は「人に与えきる」という生き方を実践。多くの人から喜ばれ、慕われました。また「中心会」を設立して、講演、執筆、社会事業を数十年にわたりつづけました。

塾長の生き方に、大きな影響を与えた人物です。

そんな常岡先生のもとで学ぶ中で、塾長には忘れられない思い出が。

常岡先生はあるとき、山梨の地元の人たちから「山を買ってくれませんか」と頼まれ、「与えきる」という生き方から、協力者の力を得て、その山を購入。

富士山の見えるロケーションだったため、「福祉施設をつくろう」ということになり、その準備に奔走しました。塾長も、常岡先生の構想に協力。

ところが、しばらくして常岡先生が亡くなってしまったのです。

「……この山、これからどうしようか」

先生の息子、常岡通さんが困り果てていると、突然その山から良質な温泉が湧き出してきたのです。

温泉にできる、と思いましたが、そもそも温泉にするお金がありません。

「仕方ない。ほったらかし温泉、と名づけて、皆さんに自由にしてもらおう」

この通さんのアイデアが当たり、当時「日本一、人の入る露天風呂」としてマスコミに紹介してもらうまでになりました。

――ギブ&ギブン。

与えきる、という生き方をしたからこそ、「徳」がまわってきたのです。

2 松下哲学の実践

ほかにも、PHPのさまざまなセミナーに参加。

PHPは言わずと知れた、松下イズムを継承する会社。ここで、塾長は松下さんの学び、生き方と考え方を確固たるものにしていきます。

このとき、塾長ははっきりと「志のあるリーダーを多面的にサポートしたい。そのためにもまず、自分が成功モデルになろう」と思うようになっていました。

公認会計士の資格を取得した横井青年は、京都大学を卒業。

ピート会計事務所という、世界最大の監査法人に入社しました。

「不思議なご縁ってあるもんやなあ」

塾長はしみじみと言います。

なんと、塾長が最初に監査を担当したのが、松下グループ「ナショナルマロリー電池株式会社」という会社だったのです。松下さんが最後に社長をした会社です。

その場で、松下さんに会うことはできませんでしたが、松下イズムを学ぶには充分すぎる仕事でした。

たまたま窓口になってくれた森田和一会計課長も、松下さんの大ファン。

温厚かつ誠実な人柄で、のちに松下グループの中枢とも言うべき、本体の経理部長まで昇進した方です。

そんな森田さんから松下さんにまつわるいろんな話を聞かせてもらい、ますます塾長は松下さんのファンになっていきました。

森田さんは松下幸之助さんについて、こう語ります。

「人間的な魅力に溢れていて、謙虚で、温かくて。たとえば、月次決算書にサインをもらった後、必ず出口まで見送りに立ってくれました」

さらに。

「厳しく指導されて、ちょっと肩を落とした様子で帰ろうとすると〈頑張れな〉と声をかけて、肩を叩いてくれるんです。それでまた〈よし、がんばろう〉という気になるのです」

森田さんからお聞きする言葉は、どれも説得力があって、美しく輝いていました。

「経営とは、〈人間学の実践〉でもある」

松下さんは、その言葉どおりの人間力あるリーダーでした。


公認会計士時代、さらなる良き出会いが塾長のもとに訪れます。

会計士には、「会計士補」として1年間の研修があります。見習い期間のようなものですが、そこで毎週、講師として来られていたのが、中谷洋一先生。

明るくて、前向き。塾長はすぐに、中谷先生の人柄に惚れました。人柄だけではなく、知識も幅広く、話していても面白い。

本職の会計税務はもちろん、管財人として経営実務もできる、後に日本公認会計士協会近畿会の会長も務め、さらには追手門大学の教授、多くの著書、コンサルタントなど。

「この人のもとで、もっと学びたい」

そう思うと、塾長は持ち前の行動力を発揮。

秘書のようにくっついて、やがて事務所に入り、ずいぶんと可愛がってもらいました。

「中谷先生は、太陽のように明るく熱い人やったな」

塾長は懐かしそうに語ります。

「じっくりと話を聞いてくれて、的確なアドバイスをくれる。年末には先生のところに行って、家族ぐるみの付き合いをさせてもらったのも楽しかったなあ」

何かがあったとき、「中谷先生だったら、どういうアドバイスをくれるだろう」と考えることで道が見えてくる。塾長はそう言います。

中谷先生の事務所でできた会計士の友人が、田中章介さん。

会計士補研修同期生でもあります。

松下電器から会計士に転じた苦労人ですが、いつもひょうひょうとしていて、明るく自然体。

塾長が家業に戻った際、監査役として松下式経理の導入を指導してくれました。

さらに後年、田中さんは大学教授に転じて、著書も十数冊出版。その縁で、塾長も何冊か出版することになりました。

さて、中谷先生は、塾長が「カーネギークラブ」を主催して、リーダーシップトレーニングをしていると聞き、こう言いました。

「それなら、大阪ＪＣに入ったらどうかな。より一層トレーニングができて、良き仲間がどんどん増えていくよ」

塾長、29歳のときでした。

ＪＣ（青年会議所）とは、40歳までのビジネスリーダーが奉仕、修練、友情をテーマに様々な活動をする世界的団体です。

中でも、「大阪JC」は会員約1000名。チームワークの良さに定評があり、質量ともに世界ナンバーワンのJCと言われています。

大阪JCに入会した塾長は、これまで学んできたことの成果を試すために、いろいろな場に参加しました。

関西言論科学研究所でお世話になった、志水実一先生を迎えて、「JC話し方教室」を開催。数十名が参加して、1年間通じて、実りのある研修を行ないました。

この会がきっかけとなり、現在でも「大阪JC話し方クラブ」がつづいています。

また、日本JC主催の「アジア青年の船」というグループへ。

船に乗って、東南アジア何か国かを周遊しながら、コミュニケーションをはじめとするさまざまなリーダーシップのトレーニングを受けていくプログラムでした。

「数十名のチームリーダーを任されて、すごく張り切ったんや。チームの統率をとろうと思っていろんなトレーニングを実施したんやけど、だんだんメンバーに嫌がられてきてな」

塾長は当時のことを語ります。

「やがてつるし上げられて、あれはショックやったな。……でもな、そのおかげで自分の強引さに対する反省、相手の話を聞くことの重要性、いろいろ学ばせてもらったわ」

自分の失敗も、いつもオープン。

だれかの学びになるなら、とまっすぐ失敗談を語ってくれます。

「でも失敗したら、再チャレンジするのが、僕の流儀」

翌年、もう一度「アジア青年の船」にエントリー。

そして実行委員長だった、サントリーの鳥井信一郎さん（のちの社長）のアシスタントとして、塾長は総務委員長を担当。

前回の失敗を生かして、全体運営をスムースに進めることができました。

鳥井さんは、大胆にして、緻密。２週間、同じ部屋でずいぶんと学ばせてもらったと言います。


さらに、大阪ブロックセミナー委員長へ。

大阪府下の各地ＪＣでＬＭＰセミナーを実施。多くのファンができて、そのファンたちがのちに「ＬＭＰいっちゃん塾」の中心メンバーとなっていきます。

ちなみに取材に同席してくださった、うなずきの達人、角谷さんもそのうちの１人です。

大阪ブロックセミナー委員長のあと、社会開発室の役員などを経て、１９８０年には世界規模で開催されるＪＣの「世界会議」で、総務室室長を務めました。

清風学園の平岡龍人さんが、理事長。

「平岡さんはほんま、大物リーダーやわ。信頼して任せてくれたな」

塾長が担当した総務室は、肯定思考のチームだったそう。「良かった会」と名づけ、短期間でありながら良いことはどんどん実施して、ほめ合う関係に育っていきました。

結果、世界会議は大成功。中心メンバーだった常務理事の7名とは「M7会」というものをつくり、今でも交流をつづけています。

3 家業を引き継ぐ

会計士、ＪＣとさまざまな経験を踏み、塾長は家業へ戻る決断をします。

当時、横井林業株式会社は、徳島と九州で山林経営を展開。そのほか、大阪にビルを2つ持ち、物流会社も経営していました。

これらの事業をすべて、現場へ足を運んでつながりをつくりながら、1年ぐらいで引き継いで、社長に就任しました。

社長として今後の方針をつくるために、ブレーンから知恵を集めました。

まずは、会計士仲間の田中章介さんです。頼りがいのある仲間として、松下式経理を導入。事業部をつくり、経営計画書をつくり、早くもつぎのリーダーを育てはじめました。

もう1人は、人情味ある経営アドバイザー、熊沢次郎さん。なんと熊沢さん、江戸時代初期の有名な陽明学者、熊沢蕃山の子孫なのです。熊沢蕃山といえば、岡山藩で庶民に向けた教育に尽力。土砂災害を軽減するため、治山や治水などを行なった人物。

子孫の熊沢さんも中国古典の学識が深く、林業会社の理念やビジョン、人材育成についてさまざまなアドバイスをしてくれました。「くまやん」と呼び、今も塾長の良き仲間です。

「くまやんは僕の兄貴であり、心の師やな。とても本質的で鋭いアドバイスをくれる。人を見る目は的確でほんま参考になるわ。さすが熊沢蕃山の子孫やわ」

社長に就任した塾長は止まりません。どんどん「改革」を行なっていきました。

当時、林野庁が公有林で行なっていた特定分収事業。

20年ぐらい育ち、成育の見通しがついた山林を、一般の人に販売して、ともに育てていく、という画期的なシステムです。

これを「私の森」と名づけ、民間第1号として実施しました。

株式会社のように資本をオープンにすることで、一般の人にも山林育成に参加してもらい、林業の大切さをわかってもらう、林業家も資本の回転が良くなる。

理想に燃えた塾長は、社員とともに普及を推進し、２０００人ぐらいまで広げました。

さらに、山を管理する会社も見直しました。所有している山だけではなく、他社の山の管理も請け負う、九州横井林業株式会社を設立。

その社長は、「私の森」事業のリーダーを務めた那須主隆さんに一任しました。那須さんは九州男児らしい漢気と、ＬＭＰで学んだリーダーシップでチームをまとめました。

徐々に、地元の仕事を拡大。最新機械の導入で作業効率を上げ、のちに林野庁や農林水産省から優秀事業体として表彰されます。

物流についても、手を加えました。

預かり倉庫だけではなく、もっとお客さまの役に立てるのではないか、と物流の加工事業を手がけるなど、次々に新しい施策を打ち出していきました。

新しい施策をどんどん打ち出していく塾長。

――それはまるで、何かに追われ、焦っているようでした。

そう、時代は少しずつ、林業から離れていたのです。

国産の木が売れない。木造の家を建てる人も激減して、鉄筋のビルが建つようになり、戸建ても新しい様式になっていきました。

時代の波は容赦なく、代替わりしたばかりの塾長を呑み込んでいったのです。

ただ、その波が想像を絶するほど大きいものだとは、塾長をはじめ、まだ誰も気づいてはいませんでした。

4 ライフワーク「LMP人持ち人生塾」がスタート

取材中、水を取りに行って戻ってくると、

「あったよ、あった」

なにやら、塾長と角谷さんが開塾の頃のアルバムを見て盛り上がっていました。

「何があったんですか？」

「髪の毛や、髪の毛」

「髪の毛？」

今の塾長は、笑顔の絶えない落語家、桂枝雀さんを彷彿とさせる、まるくて優しい頭をしています。

「あのときはふさふさしとったなあ」

「たしかに」

さすが数十年の付き合い。笑い合う２人は、まるで子どものようでした。

カーネギークラブを経て、ＬＭＰ（ライフ・マネジメント・プログラム）の基本骨子がまとまり、「ＬＭＰいっちゃん塾」を開塾。

塾の名称は、時代の流れとともに、「ＬＭＰいっちゃん塾」から「ＬＭＰ経営塾」へ、そして現在の「ＬＭＰ人持ち人生塾」へと変わっていきます。

角谷さんはその初期からのメンバーでした。

「すみやんが、前でうんうんうなずいてくれるから、ごっつ自信つけさせてもうたわ」

ＬＭＰいっちゃん塾では、「磁力ある目標」、すなわち「志」の設定が、大きな柱でした。

普通の「目標」ではありません。「磁力ある目標」です。

つまり、まわりの人が共感するような、応援したくなるような、自分ひとりではおさまらない「目標」こそ、「磁力ある目標」なのです。

そして強みを磨いて「オンリーワン」をつくる。周囲の人々を喜ばせる志を立て、「ファン」をつくっていく。人を育てて、「幸せなチーム」をつくっていく。

そういう「良き人・良きもの・良きことを引き寄せる、磁力ある目標（志）」を設定するプログラムを行ないました。

磁力ある目標を設定したら、今度は実現へのレールづくり。

「実現のキーワードは、〈肯定思考〉やな」

塾長は断言します。

「今も変わってへんけど、ものごとをプラスの面から見て、まわりに感謝を伝えること。そうすることで、ピンチを切り抜けられたり、良い人間関係が築けたりするからな」

そして、ＰＤＣＡ。

「ＰＤＣＡをくり返して、達成するまで目標を追いつづけること。目標を追いつづけているあいだは、〈失敗〉というのはあり得へん。全部、成功への〈糧〉になるからな」

塾生はみずからの「目標」を全員の前で発表。

毎月の進捗状況を共有し合って、活発な相互アドバイスを行ないました。

そして記念すべき第１回納会が、大阪の太閤園で開かれました。

横井塾長、32歳のとき。

昭和51年12月７日。

参加者数、約１００名の大規模な納会となりました。

塾長は、集まった塾生たちを前に、感謝の気持ちを伝え、そして運営の基本方針について、こんなスピーチをしました。

与えたものが、与えられる。塾ではこれを〈ギブ&ギブン〉と呼んでいます。身近な例でいえば、笑顔で話しかけたら、笑顔が返ってくる。まずは〈相手に与えること〉です。

天国のスプーンをご存知ですか。

あの世では、2メートルにも及ぶスプーンで食事をとるそうです。

でも想像してみてください。2メートルの長さのスプーンって食べられないですよね。

では、どうするか。目の前にいる相手へ与えるんです。そして相手も自分に与えてくれる。そうやって与え合い、ゆたかに暮らしているのです。

ところが、地獄は違います。

だれにも食べものを渡したくない。ひとり占めしたい。その結果、2メートルのスプーンでは食べることができないまま、与えられないまま、というのです。

人持ち人生塾では、お互いに「志の実現」をサポートし合って、天国のスプーン状態にしましょう。そして、一生の良き友をつくりましょう。

――塾長の熱い想いは、参加者の心に響きました。

実践事例①

「感謝経営の実践」

(株)グローアップ：米田 明正

関西を中心に、電車内のポスター、駅の看板、デジタルサイネージなど、いわゆる「交通広告」を取り扱う広告代理店を経営している。

ＬＭＰの中でも、「幸せなチーム」をつくっている代表的な会社である。

塾長は言う。

「米ちゃん（米田社長）のところは、日本でも有数の〈感謝経営〉を徹底している会社。そして、米ちゃんは包容力抜群、徳の高いリーダーや」

大げさでも何でもない。

事実、お話を伺っていくと、お客さんはもとより、社員に対しても、さらには見ず知らずの人に対しても、温かい「ありがとう」の気持ちが込もっている。

「みんなが幸せになれるように」

「みんなのお役に立てるように」

米田社長の静かなれど熱い「志」は、会社をひとつの「家族」として捉え、最高の「幸せなチーム」をつくっていた。

売上をつくりながら、幸せなチームもつくっている。

その秘密はどこにあるのだろうと、米田社長に、これまでのこと、横井塾長との関わりなど、お話を伺った。

◆バブルが弾けて東京から撤退

子どものころ、「親の仕事を継ごう」とは思っていませんでした。

父親が創業して、私が2代目なんですけども、兄がおりましたから、「兄が継ぐんだろうな」と。

ただ、父の仕事は手伝っていました。

中学2年生ぐらいかな。そのときにはもう、駅のポスターを貼り替えたり、検車場へ行って、担当のおじさんと一緒に作業をしたり、どこへ行くにも平気になっていました。


グローアップは、交通広告専門の広告代理店なんですけども、兄が別事業を立ち上げたので、私が父親から社長を引き継いだんです。

でも、「交通広告だけではおもろないなあ」と思っていました。

「何か、新しい事業をしてみたい」

そう考えて、就職の斡旋と言いますか。就職の情報誌を出版したり、企業の合同説明会を開いたり。「そういう事業をしてみたい」と。

やったことはないんですけど、「とにかくやってみよう」ということで、自分で企画書をつくって、いろんな企業に飛び込みセールスをしていきました。

時代はちょうど、バブル期。

どの企業さんも「人材」を求めていて、出版部数はうなぎのぼり。顧客の企業さんも増えて、説明会に参加する学生も増えて、それなりにうまくまわりはじめました。

「よし。東京にも事務所を出そう」

この就職事業を、東京で育てていこう。そう思いました。

――しかし。

そのとき、すでにバブルは弾けていたんです。

状況が一変。どの企業さんも「もう人はいらない」と。

日本全土に、就職氷河期が広がっていきました。それにつれて当然、売り上げもじわじわ下がっていきまして。

解決策は東京事務所の撤退のみ。私も「はやく撤退したい」と思っていました。

ただ、その一方で。

「……そうは言っても、自分がやり出したことやからなあ。撤退とか、カッコ悪いなあ」

いろいろ悩んだり。

結果、撤退したんですけど、それまではまさに暗中模索。じわじわと身を削られていく思いで、社員さんも守らなあかん、取引先さんにも迷惑かけられへん。

すごく苦しかったです。

「……これからどうしていくべきか」

◆「行先出口案内」でピンチはチャンスの芽に

ＬＭＰと出会ったのは、東京事務所を出す直前。

バブルが弾ける前で、就職事業がまわりはじめたころ。まだすごく良い時期でした。

人持ち人生塾に通いはじめて、「肯定思考」と「ピンチはチャンスの芽」を毎月、徹底的に自分へ落とし込んでいきました。

ＬＭＰ信条というものがあって、それを唱和するんです。すると、自分の中にしっかりと落ちていく感覚がありました。


実は、ＬＭＰで学んだ「肯定思考」について、私には原点があるんです。

グローアップの創業当時、私はまだ子どもで、両親だけで商売をしていたんですけども、父親がすごく前向きで、肯定的な考え方をする人だったんです。

少しずつ社員が増えてきたときも、「良くなるで。グローアップは絶対、良くなるで」とそれしか言いませんでした。

とにかく肯定思考。

さらに、「ありがとう」と、感謝の心をちゃんと伝える。

この２つをひたすら徹底していました。

そういう風に教えられてきたものですから、子どものころは誰かれかまわず、「ありがとうございます」とお礼を言っていました。

東京事務所を撤退して、「これからどうしようか」と思っているときも、この「肯定思考」と「ピンチはチャンスの芽」が、流れを引き戻してくれたように思います。


「うまいことなっているなあ」

そう思わずにはいられません。

バブルのときは、広告スペースがいっぱいで売るもの自体がなかった広告事業。ところがバブル崩壊後、少しずつ広告スペースが出はじめたんです。

結果、「原点の交通広告に特化しよう」と進むべき道がはっきりしました。


そして開発したのが「地下鉄行先出口案内」です。

今ではすっかり一般的になりましたけれども、「ひとつの看板に地図を入れて、左右にお客様をたくさん掲載する」という、いわゆる連合広告です。

ひとつの看板を10社、20社と分けることで、お客様は割安で掲載できて、弊社にとっては１社で買っていただく場合よりも単価が上がる。

駅を利用される方にとっても、地図が入ることでより便利になる。

最近はどこの代理店さんもされている広告ですけれど、その走りを大阪市営地下鉄でさせていただきました。

かなりの収益が上がって、バブル崩壊直後の危機を脱することができました。

まさに「ピンチはチャンスの芽」、片方は社運がかかるほどのピンチだったけれど、その中からチャンスの芽が育って、それを咲かせることができたんです。

◆感謝表現でファンづくり

ＬＭＰには、具体的な成果を出すためのテーマが４つあるんです。

それが、「ファンづくり」、「オンリーワンづくり」、「幸せなチームづくり」、「成果数字」。この４つをＬＭＰで学びながら、実践しながら、舵を切ってきました。

どうすれば良いか迷ったとき、この４つのいずれかに立ち返れば、おのずと道は見えてくるのではないか、と思います。


たとえば、「ファンづくり」という点では、ＬＭＰの「重要感表現営業」や「ＩＢ志営業塾」で学び、まずこちらから「与える」ことを実践しています。

いくつか具体的に実施しているものがあります。

新しいお客様と広告の取引をさせていただいたら、看板やポスターができあがった際に感謝の気持ちとして、その広告のラベルを貼ったオリジナルワインをお渡ししています。

また、毎月の請求書に「ありがとうメッセージ」も同封しています。

昔は、請求書1枚だけを送ってお振込みいただく、という流れだったんですけども、それだけでは「感謝」が伝えられていないな、と。

また、駅の看板を営業マン、内勤の女子社員たちと一緒に拭きに行く、ということもしています。これはたぶん、同業他社さんはしていないと思います。


お客様にとっても、私たちにとっても、とても大切な看板。

当然きれいなほうが良いので、感謝を込めて拭きに行く。もうかれこれ、20年以上続けています。

年末には、1年間の「ありがとうございます」をファックスで送ったり。ありがとうシールをつくったり、感謝のはがきを出したり。

ひとつひとつは小さなこともかもしれませんけど、こちらの感謝をまっすぐ、お客様に伝えつづけることで、ファンになっていただいているのかな、と感じています。


派手なパフォーマンスをしようとは思っていません。

地道なことをコツコツやっていくほうが向いているので。

――そして。

感謝すればするほど、幸せになる。

感謝すればするほど、感謝したくなるようなことがやってくる。

私はいつもそう思うんです。

◆みんなが幸せになれるように

経営をしていく上で、「社員を幸せにする」、これも社長の重要な仕事やと、そんな風に捉えていまして。

だから「社員が喜ぶようなことをいっぱいしたい」というのが根本にあるんです。

たとえば、社員の誕生日を大切にしています。誕生祝い、というよりは両親に対して、「生んでくれてありがとう、育ててくれてありがとう」と感謝をする日だと考えていまして。

誕生日ではなく、「感謝の日」と呼んでいます。

朝礼で、その社員さんを表彰するんです。

そして金一封を渡して、——「両親へ感謝の想いを伝えるために使ってください」と伝えています。


また「おかげさまの日」というのもあります。

毎年、2月の第3土曜日。物故社員のお墓がありまして。そこへみんなでお参りに行くんです。前期の報告と、これまで会社を支えてきてくれた方々へ感謝の意を込めて。

そのあと、決算賞与を「おかげさま」という名称で渡します。

やっぱりそういう風にすることで、「この会社で働いて良かったな」と結束が強くなっているのかな、と思います。

社員がとても大切で。今は会社へ行って、社員のみんなと話をしたりするのが楽しくて仕方がないんです。

志は、みんなが幸せになれるように。これがテーマなのかな、と思っています。

みんなを喜ばせて、幸せにしていく。そのために、自分を磨いていく。そういう社風になっているように思います。

多くの人のお役に立つ、というのが、グローアップの大きなスローガンなんです。

「みんなに喜んでもらいましょう。みんなのお役に立ちましょう」

お客様に対してもそうですし、社員さん、家族に対して、知らない人に対してもそう。協力会社の人に対してもそうです。

十数年来、ネパールやバングラディシュなどで、井戸の寄付をさせてもらっているんですけど、それも「喜んでもらいたい。お役に立ちたい」という想いからなんです。

◆人持ち人生が終生のテーマ

塾長ともかれこれ、30年以上のお付き合いになりますか。

とにかく人間好き、勉強好き、会うたびに進化しています。また、人を巻き込むチカラがすごいです。

私にとって、最高の兄貴的存在です。

ＬＭＰ人持ち人生塾をつづけてきて良かったな、と改めてそう思います。ちょっと勉強したら「はい、わかりました、さようなら」というのが、性格的に合わなくて。「学び」って終わりがないので、ずっと継続的に学んでいきたいんです。

そして実際、塾長のもとで継続してきました。

だから今、こうして人持ちで楽しい人生になっているんだと思います。

若い人たちとの付き合いが増えたことも大きいかな。

この年齢になると、新しい友だちとか知り合いとか、なかなかできなくて。けれど、人持ち人生塾には前向きな若い人たちがたくさんいる。刺激をもらうことができる。これって私にとってすごくプラスなんです。

今後のビジョンで大きなテーマと言えば、「事業承継」があります。

息子が継ぐんですけども、もうその交代の日を決めています。息子も知っていますし、社員も全員知っています。

その交代の日までに、もっと社員が輝ける環境を整えておきたい。

息子にも一緒に学んでもらって、上手にバトンタッチできるようにしていきたい。そういうビジョンを描いています。

実践事例②

「オンリーワンづくりの追求」

（株）中村超硬：井上誠

東証マザーズ上場。太陽電池パネルやＬＥＤ基板をつくる上で重要になる、切断工具「ダイヤモンドワイヤ」の製造販売が主力、オンリーワンの製品をつくりつづけている。海外への販売も広く行ない、中国に現地法人も持つ。関連も含めると、従業員数は５００名近くにのぼる。

そんな（株）中村超硬を束ねる井上社長は、工学博士という一面もある。

塾長は、井上社長を自慢の弟のように話す。

「井上さんは人間力、経営力が卓越したすごいリーダーなんやけど、いつ会っても謙虚やねん。彼のような素晴らしい経営者が、ＬＭＰの仲間というのは誇りやな。こんなにすごい男やのに、愛嬌もあって、そこが僕と気の合うところと違うかな」

井上社長は言う。

「ＬＭＰで、人生、経営の原点を学びました」

中村超硬はもともと上場企業だったわけではない。

地域に根づき、大阪府堺市に拠点を置く中小企業のひとつだった。

それが何故、上場企業となったのか。

オンリーワンを生み出し、500名にも及ぶ社員を率いて来られたのか。井上社長がLMPで学んだ原点とは、何だったのか。

決して平坦な道のりではなかった中で、社員を守りながら、まっすぐ歩みつづけた井上社長にお話を伺った。

◆引っ込み思案から積極人間に

もともと、いわゆる町工場というか、夫婦共働きの零細手工業をしている家の、3人兄弟の長男として生まれましたから、そういう背景が自分の個性となっていると思います。

引っ込み思案で、何か秀でたものがあるわけでもない。それを積極的に解決しようとも思わない。そういう不満がずっとありました。

秀でたものを強いて言うなら、幼稚園、小学校、中学校とすべて皆勤でした。

両親ともに忙しく仕事をしていますから、風邪をひいたからといって、休めるような状況ではありません。しかも身体が頑丈で、だからそれが私のほとんど唯一の自信でした。

「でも、やっぱり変わりたい。いつか自分を変えたい」

そう思っていました。

巡ってきたきっかけは、中学1年生のときです。

クラスでひとまず仮の学級委員長を決める機会があって、たまたま出席番号順、井上の「イ」が最初ということで、仮の委員長に選ばれたんです。

そのことで自分の中で眠っていた何かが目を覚ましました。

振り返ってみたら、中学生のあいだ、ずっと委員長をしていました。

そして住吉高校というところに入学します。当時の住吉高校は、名門天王寺高校と肩を並べるほどの進学校だったものですから、成績の学年順位がガタンと落ちました。

ただ、中学からつづけてきたバレー部に入ったのが大きかったです。

中学からやっていた人が比較的少なくて、1年生のときからレギュラーに選ばれて。勉強はあまりでしたが、最終的にはキャプテンも務めて、部活の面から評価をしてもらいました。

そのときには、性格もずいぶんと変わってきて。積極性が出てきたように思います。

まわりが真面目な人たちばかり、ということもあって、笑いを取ったり、オピニオンリーダー的なことか、そういう役割を担って、少し目立つ存在になっていました。

大学は大阪大学に進みました。

学科は、機械工学科という「つぶし」の利くところでした。

機械工学科の就職先と言えば、鉄鋼へ行ったり、重工へ行ったり、ほとんどがそうでしたが、「……

人と違う道を歩みたい」という気持ちがあって。

地元企業に、パナソニックがあって、でもパナソニックは地元過ぎて目立てないじゃないか、と思い、あえてソニーに就職しました。

「自分自身を変えたい」

そう思っているところで、社会人生活をスタートさせたわけですから、入社して半年経ったぐらいに行なわれた研修の発表会、90名ぐらいの新入社員と多くの役員が揃っている前で。

「何か、発言をしたい人は?」

そう尋ねられたので。

「はい」

手を挙げて、研修の感想を発言しました。誰も手を挙げない、のが前例の中、思い切って発言をしたので、新人の中では比較的目立つことに成功しました。


また、私は生産技術部門の設計開発にいたのですが、そこのバレーボールチームにも所属していて、ソニー社内で行なわれたバレーボール大会で全国優勝を果たして。

社内とは言え、全国各地から何百という人が関わる、大々的な大会です。駒沢の体育館を借り切って、テレビ中継も入って。その大会で優勝することができました。


ただ、肝心の仕事は、いろいろと振り回されました。

関わっていた2つのプロジェクトが、社内の事情で立ち消えてしまったのです。

◆義父の家業を引きつぐ

ちょうどそのころ、家内の父親が経営する「中村超硬」という会社が、４人の社員のうち急に２人が引き抜かれてしまって困っている、と耳にしました。

2つのプロジェクトが立ち消えて、「どうしようかな」と嫌気がさしていたところに、その話。かなりの決断でしたが、ソニーを辞めて、転職することにしました。

29歳のときでした。

自分のチカラで切り拓いて、活躍して、中村超硬に貢献できれば。

そんな幻想を抱いていたり、自分1人でも加わればちょっとは役に立つのではないか、という妙な正義感だったり。

当時の中村超硬は、年商1億に満たないながらも、大阪府堺市、地場における評判のある企業でした。

ただ、抱いていた幻想のようにはなりませんでした。

大企業にいたからと言って、大学で先端技術を学んでいたからと言って、いきなり中小企業の役に立てるわけがありませんでした。早々から、その現実にぶつかりました。

さらに、創業者である義父が、――急死。中村超硬に移って、３年。もがきながらもやっと仕事を覚えはじめた中での、義父の急死でした。

それまで肉親の死に直面したことのなかった私にとって、その死は、とてもつらい出来事でした。「何とか義父の想いを」と思い、より一層仕事に注力していきました

◆LMPで経営の基本を学ぶ

家業を引き継いで、日々汗まみれになって働きました。

少しずつ、経営の先が見えかけて、社員も20名ぐらいになり、「人とチームを育てたい」と思っていた頃、高校からの友人で建設業をやっている南部高志さんに会いました。

南部さんから横井塾長を紹介してもらい、意気投合。すぐに入塾しました。


人持ち人生塾で「LMP10の基本習慣」を学び、素直に実践してみたところ、まわりから少しずつ良い変化が起こりはじめました。

さらに塾長の個別指導を受け、経営計画書も作成し、社内で発表会を行なった結果、社員全員が一丸となっていきました。

塾では塾リーダーをさせてもらい、毎月、例会のまとめを話したり、企業訪問や各地ツアーに行ったり、良い仲間がたくさんできました。

◆新しいチャレンジ

50歳になって、ある経営者との出会いを「きっかけ」に、私をはじめ、中村超硬はさらにもうひとつ

上のステージへ進むことになります。

その経営者は、福岡にある株式会社ピーエムティーの京谷社長。

京谷社長が行なっている「チャレンジ」を目の当たりにして、きわめて大きなカルチャーショックを受けたんです。

「中小企業のおやじとして、漫然とした生活を送っていてはいけない」

開発者として、技術者としての自分が、再び目を覚ました瞬間でした。そこから私たちの動きがまったく変わっていったのです。

産学連携、もしくは研究開発による新規事業。あるいは国の施策を活用したり。

自分たちの目指す方向への「手段」が、少しずつ明確になり、研究開発を進めて、より進むべき方向が精査されていきました。

ただ、道はそれほど簡単ではありませんでした。

――「リーマンショック」です。

多くの損失が出て、たちまち会社が存続の危機に立たされたのです。

「……どうすれば良いのだろうか」

私の脳裏を掠めたのは、以前に起こったＩＴバブル崩壊でした。

実はそのとき、会社存続の判断を迫られた結果、希望退職者を募り、１３０名のうち30名ほどが辞めていったんです。

希望退職とは言え、人を切る。それは大きな精神的な痛手でした。

そして再び、同じような状況に立たされている。会社を守る、という判断であれば、希望退職者を募って固定費を下げ、立ち上がりを待つという方法がある。

けれど、当時の社員数はすでに200名近く。損失額を考えたら、100名以上を解雇しなければならない。

「……そんなことをするぐらいだったら、会社が潰れても構わない」

◆会社生命をかけた大勝負

私は会社のお金すべてを投げうって、捲土重来、開発中だった「ダイヤモンドワイヤ」に賭けたのです。まさに会社生命を賭けた、大勝負でした。

今まで違う部署にいた人たちを、「ダイヤモンドワイヤ」の部署へどんどん送り込みました。仕事がない人たちにも会社へ来てもらって、自分の勉強のために本を読ませて。もちろん給料も支払って。

だから結果、とんでもない赤字が出ました。

債務超過ぎりぎり。ちょっとでも経営判断を誤ったら、債務超過へ落ちてしまう。何とか債務超過にはならず持ちこたえましたが、ぎりぎりでした。

そういう中で、外部資本も入れなければならない。

そこで政府系金融機関に、上場を前提に出資をしてもらったのです。

もちろん、「株式上場しなければ会社をやめてもらいます」と、国と私とのあいだで、約定を交わしました。何もかもが、ぎりぎりだったんです。

そして社運を賭けた「ダイヤモンドワイヤ」を開発。ダイヤモンドワイヤとは、簡単に言いますと、太陽電池パネルをつくる上で、重要になる切断工具です。

さらに国との約束どおり、東京証券取引所マザーズ市場に上場。

毎年、かなりの営業利益を出しつづけ、そうしていつも市場へ語りかけるようにしています。値動きは激しいんですが、その分の売買高もすごくて。

投資家なり、一般の株主さんからも注目度が高いんです。

１日の出来高について、製造業ではあり得ない株式売買が行なわれています。

社是どおり「挑戦」が反映されているのかな、と思います。

落ちたとしても、落ちたところからまた過去のピークを超えていく成長をくり返して。広い視野で見ると、右肩上がりの直線を描いています。

◆オンリーワンを追求して、社会に貢献する

現在の事業は３本柱です。

まず産学連携で開発した「ダイヤモンドワイヤ」が軸です。

これを海外、特に中国へ販売するのが、事業の大きな柱となっています。

2つめは創業者から受け継いだ工作機械、産業機械用の部品があります。社名のとおり、「超硬」ですから、硬い材料を用いたそういう製品、「高機能機器」と呼ばれる製品に関することを、本社で行なっています。

3つめは神戸にある「日本ノズル」の事業です。繊維の会社です。炭素繊維とか不織布とか、そういう衣服用の化学繊維をつくるための部品であったり、装置であったりを製造販売する会社です。


今後は、3本柱を5本柱に増やしたいな、と思っています。

そのひとつが、産業技術総合研究所と共同開発した創薬研究の分野です。

そしてもうひとつが、東京大学と一緒に研究を進めてきた「ナノゼオライト」という材料の提供ですね。


また、M&Aも視野に入れています。

すでに相手先とコミュニケーションをはじめているところもあります。

事業承継の難しい企業がたくさんあって、まもなく大廃業時代が訪れる、と言われています。

私たち上場企業は、その経営力で受け皿となり、雇用を守り、事業を守って、さらに収益事業化していく。そういうミッションもあるのかな、と思っています。

そのために現在、高度な技術を持った人材の確保に奔走しています。

絶えず、世の中に必要な、新しい事業を生み出していく。

そしてともに働く仲間と幸せなチームをつくっていく、これが仕事に対する向き合い方であり、私の志です。

チャンレンジするたび、いろんな迷いが出てきます。

けれどそんなときは、ＬＭＰで学んだ「人生と経営の基本」に立ち返るようにしています。たとえば「進歩無限」であったり、「ピンチは、チャンスの芽」、「人みな師」などです。

また、塾長とも定期的に会い、食事やゴルフをしています。

いろんなことがあってもいつも前向きで、チャレンジャーなので良い刺激を受けています。何でも話せる良き兄貴のような存在です。

第3章

志の展開

LMP拡大期

1 人間力あるリーダー育成への使命感

終生の師、松下幸之助さんにいつか会ってみたい。

そう思いつづけていた塾長。思いがけず、そのチャンスが巡ってきました。

――1980年、大阪JCによる「世界会議」の実施。

この「世界会議」で、塾長はコーディネーターとして、松下さんとイギリス元首相ヒースさんとの対談にのぞんだのです。

テーマは、「リーダーの使命」について。

そのとき、松下幸之助、80代半ば。大病を患った直後でした。

しかし。

「謙虚で、腰が低くて聞き上手。感謝の心が強くて、年下からも学ぼうという姿勢があって」

病気を一切感じさせず、終始にこやかにされていたそう。

そして松下さんは、リーダーの使命について語りました。

志を持つこと、人を育てること。

「日本の使命っていうんは、経済的には日本は世界のトップクラスかもしれんけど、それだけではいかん。日本は、〈徳〉の国やから。その〈徳〉のチカラで、世界とパートナーシップを持ってほしい。それは、きみたち青年経営者の大きな使命や」

松下さんはつづけます。

「そのためにも、きみたちには理念とビジョンを持つ、〈志のあるリーダー〉に成長してほしい。そして次なるリーダーを育ててもらいたい」

すべての言葉が、塾長の胸に刺さりました。

対談後、松下さんは塾長たちに対して、「いやあ、今日はこんな素晴らしい場に呼んでもろて、ありがとう」と感謝の気持ちまで伝えてくれました。

短い時間でしたが、「終生の師」と直接、話す機会を得たことは、ＬＭＰに多大な影響を与えました。

事実、塾長は今でも毎日、松下さんの著者やテープから学びつづけています。

世界会議の後。

時代が変わりつつあった林業界に身を置き、少しずつ疲弊していく家業が気になってはいましたが、それとは裏腹に、ＪＣでメキメキと頭角をあらわしていった塾長。

やがて、そのリーダーシップから「大阪ＪＣの理事長」に就きました。

1981年、大阪JC理事長となった塾長は、基本テーマを「人間力あるリーダーの育成」に設定。国際的なリーダー、地域のリーダー、ビジネスリーダーの育成に尽力しました。

国際的なリーダーの育成については、前年の世界会議でできたネットワークをフォローするため、「TOYP（Ten Outstanding Young Persons：10人の卓越した青年リーダー）」を企画。

世界で活躍している外国人の若手リーダー、10名を日本へ呼び、日本の文化や経済を見てもらい、そのあと赤坂離宮で皇太子様に会う、というプログラムです。

塾長がはじめて、約40年、今でもずっとつづいています。


さらに大阪の地域リーダーを育成するため、「なにわの知恵塾」も開催。

大阪の天満宮に早朝集まって、なにわの言葉や、文化の特色など「なにわの知恵」を学びました。

大阪城の築城400年事業に協力したのも、良い思い出です。

小豆島にある「残念石」という、大阪城築城のために切り出したものの、最後まで大阪へ運ばれなかった石を、「大阪城へ運ぼう」と企画。

小豆島JCと連携して、残念石を大阪城へ運びました。しかも当時のやり方で天守閣まで運んだのです。

今でも、天守閣の下にはその石が残っています。

そしてビジネスリーダーの育成については、現在の「LMP人持ち人生塾」にも通じる「経営理念作成セミナー」を企画。

トップコンサルタントの船井幸雄さんとコラボして、各社の事業計画書をつくり、理念やビジョン、志の波長が合う人たちとのネットワークづくりを行ないました。

大阪ＪＣ理事長の任期は、１年。

ただ、この1年間、塾長はすべてに情熱を注ぎ、多くの成果を残したあとも、愛するＪＣメンバーのために、さまざまなサポートをつづけました。

大阪ＪＣの新入会員対象「ＪＣ道場」でも、「磁力ある目標の設定と、達成するためのレールづくり」を指導して、メンバーを育てていきました。

そのうち、日本各地のＪＣから招かれ、ＬＭＰセミナーを実施。

ご縁が広がって、のちに全国展開していく基盤ができあがりました。

はじめは小さな「ご縁」かもしれません。

けれど、それはきっと、大きく育てていけるもの。大きく育てば、いつかお互い、人生を変えるような「ご縁」になっていく。

だから塾長は、どの「ご縁」も大切にするんだと思います。

大阪ＪＣ時代のメンバーとは、今もいろいろなカタチで交流がつづいています。たとえば、「ＰＰ（パーストプレジデント）会」は、歴代理事長の交流会。年２回のゴルフで交遊しながら、関西経済の中心を担うメンバーから、最新の情報を共有しています。また、「Ｍ７（エムセブン）会」は世界会議の中心メンバー。老舗企業の後継者が多く、伝統と革新の融合などを学んでいるそうです。

近年、ＪＣの大阪ブロックでＬＭＰのセミナーを実施したことがきっかけとなり、「ＪＣ志クラブ」を２か月に一度、開催しています。

志あるリーダーの体験を聞き、みずからの「志」確立に役立てる、というもの。塾長は顧問としてサポートしています。

卒業してから30年以上が経っても、交流がつづいています。

交流の中から、いろんなジャンルの生きた情報が入ってきて、ＬＭＰを革新していく大切なエネルギー源になっているようです。

「ＪＣの活動からは、じつにたくさんのことを学ばせてもらったわ」

たしかに取材の中でも、ＪＣへの想いがとても伝わってきました。

「仕事では体験できないようなこととか、とくに〈世界会議〉のときと大阪ＪＣ理事長のときは今でもはっきりと思い出せるぐらい、密度の濃い毎日やったな」

少年時代、青年時代、塾長の半生をまるごと使って、つくりあげてきたＬＭＰ。大病を患ったこと、家業での学び、そしてＪＣでの学び、仲間たちとの交流。どれもが血となり、肉となり、ＬＭＰは少しずつ精度を高めていきました。

２　オンリーワンプログラムをつくり各地へ展開

◆ＬＭＰ話し方コース

ＬＭＰはここからギアを上げるように、全国へ広がっていきます。そのきっかけとなったのが、ＬＭＰ話し方コースでした。

プログラム化を行ない、テキストとビデオを作成。インストラクターマニュアルも整えて、塾長がいなくても、現地講師が教えられる仕組みにしました。

その結果、全国に広がっていったのです。

「すみやん、岸和田での君の教室でもかなりの回数やったよな？」

「7年間、トータル20期で、２００名ぐらいですね」

東北、九州など100か所以上で開催。

先日、この本のきっかけをつくっていただいたおひとり、宮崎中央新聞の松田くるみ社長にお会いした折、

「じつは私、LMP話し方教室のインストラクターをしていたんです」

とのことで、とても驚きました。

同時に、魅力的なチャレンジをつづける松田社長の背景に、LMPがあったと知って、塾長と2人でうれしくなりました。

話し方は、聞き方から。話を整理して、熱意を持って話す。

そしてスピーチのテーマ、たとえば「私の感謝している人」「私の好きなこと」など肯定的テーマを設定して、人前でトレーニングを行ないました。

難しいことではありません。けれど、意識しているか、していないか、それだけで大きく変わります。

さらに、テクニック的なものから、最終的には「目標設定」まで導く。単なる話し方だけではない、「話し方」を通じて「自分の人生」をより良くしていく。

LMPらしいプログラムでした。

しかし全国に広がれば受講生とのつき合いも浅くなります。進化する学びを伝えることもできません。

——進歩無限。

塾長は、原点に立ち返りました。

「あれ？　僕がやりたいのは〈話し方〉やったかな。〈リーダーのサポート〉と違うかったかな」

そう思い至り、改めてリーダー対象のプログラムをつくりなおしました。

それでも、10年間も続けてきたのは、間違いなく財産になりました。

◆LMPマネジメントコース

そして、開発したのが「LMPマネジメントコース」です。

前向きなビジネスリーダーのサポートがしたい、と塾長が想いを込めたプログラムでした。

1泊2日の研修を行ない、あとは各自をフォローしていく、というもの。

このプログラム、その完成度の高さからさまざまな企業や団体とタイアップして開催していきました。

大阪では、各地JC、商工会議所、日本生命などとタイアップ。東京ではプレジデント社と。海外の企業も参加するほどでした。

1泊2日で、徹底的に「志」(理念・ビジョン・信条)の設定を行なうプログラム。

単なる目標ではない、志。もちろん、夢でもありません。

自分のためでありながら、自分のためだけではない。誰かのために。何かのために。人を引きつけるチカラを持ったもの。

とにかく短時間で、自身の「志」を設定していく。

かなりハードな内容でしたが、塾長と専任のインストラクターが付き切りで指導を行ないました。

うんうんと机の上で頭を抱えるのではなく、あえて「えいっ」と設定してみる。

そうして書いて固めて、それを叩き台にして、削ってまた書いて固めて。ひたすら「心の込もった言葉」をつくっていきました。

結果、みずからの「志」が発見できた、と多くの反響がありました。

◆LMP経営研究会

LMPの進化と拡大は止まりません。

塾長の人脈を生かして「一流経営者、その生の声を聞く」という会もはじめました。

「たとえば、どんな経営者さんが話されたんですか？」

「んん、えっとな、宇野収さんとか」

「宇野さん？」

「東洋紡績の元社長やな」

「えっ？」

東洋紡績といえば、繊維業界で名門中の名門。たしか、設立には「日本資本主義の父」と呼ばれる渋沢栄一が関わったはず。

「ＪＴＢの海外旅行で、僕のところの家族と一緒になってな、とても温かいファミリーやったわ。その縁でな」

「……」

名だたる経済人、実業家が所属している関西経済連合会の会長。

いきなりのビッグネームに、ややたじろいでしまいました。

「ほかには、サントリー元社長の鳥井信一郎さんとか」

「ええっ」

「さっき言わんかったかな、ＪＣの青年の船で2週間、同じ部屋になって兄弟のようなお付き合いをさせてもらったんや」

「……そう言えば」

「小林豊さんもおったな」

「えっと。小林豊さんというのは？」

「小林製薬の社長やな。ＪＣのブラジル移民史の研究旅行で、10日間一緒やってん。あれは楽しかったなあ」

「……」

僕はただただ、圧倒されるばかりでした。

ちょうど、塾長の本社ビルを新築した時期。研修会場も設けたので、そこで開催していたそうです。

「今までの大阪ＪＣ、大阪ロータリークラブ、関西経済同友会とか。いろんなご縁で多くの素晴らしい経営者に来てもらったんや」

……でもな、と塾長は少しだけ声のトーンを落としました。

「大企業だけでなく、ほかにもええ企業っていっぱいあるわけや。まさに〈人持ち〉のな。やっぱりそういうＬＭＰで育ったゲストの話が聞きたくなってな」

「なるほど」

うなずきながら、ビッグネームに気持ちが引っ張られていた自分が恥ずかしくなりました。塾長の言うとおりです。

有名ではなくても、人の幸せを願い、人を大切にして、愚直に前進している企業が、世の中にはたくさんあります。

そして、そんな企業のリーダーたちがここ、ＬＭＰに集っているのです。

3 幸せなチームづくりの実践フォロー

ＬＭＰとはまさに、「生きた学び」です。

なぜなら、塾長がまず横井グループの経営で試して、成果が出て、なおかつ汎用性の高いものだけを塾生に伝え、さらにフォローまで行なっているからです。

机上だけではなく、「実践」に重きが置かれているのです。

「それならば、自社でもまるごと教えてほしい。フォローもしてほしい」

要望が高まり、企業内研修もはじめました。

指導は、「肯定的社風」づくりからスタートします。

あとまわしにされがちな「明るいあいさつ」や「相手の話に耳を傾ける、聞き上手」などの素地をしっかりとつくっていくのです。

その後、「志（理念、ビジョン、信条）」の確立を、社長ひとりではなく、「参加型」で練っていきます。確立していく過程も重要、と塾長は言います。

最後に、ＰＤＣＡのサイクルを、企業内システムとして定着させていきます。

結果、目覚ましく成長した企業がいくつもあります。

たとえば、東邦レオ株式会社です。

橘俊夫社長は「大阪ＪＣ新人道場」で、塾長の話に感動してＬＭＰの企業内研修を取り入れました。

理念を見なおす中で、みんなが気づいたのです。

従来の社名でもあった、「パーライト」という建築資材を売り込むことが理念なのではない。お客さまの環境改善に貢献することこそが理念なのだ、と。

お客さま中心の理念になったのです。

すると、「お客さまのニーズを聞き、解決に導く」というコンサルティング営業に切り替わりました。さらに商品は緑化事業に広がり、その分野で日本トップレベルへ。

社内ではひとりひとりの強みを伸ばす「幸せなチーム」ができ、発展をつづけて、業界の注目企業に。いまや就職希望者が後を絶たない人気企業になっています。

宮脇鋼管株式会社も、ＬＭＰで理念とビジョンの設定を行ない、鉄加工分野でオンリーワンに至り、さらには日本一にもなりました。

宮脇敬治元社長はＪＣ時代、「話し方教室」からの仲間。超肯定思考の人で、水上スキー全日本チャンピオンに12回もなるなど、とてつもなくパワフル。塾長の良きパートナーでした。

◆ＬＭＰ社外役員会の設置

さまざまなコースを展開していく中で、少しずつＬＭＰの中心メンバーが固まってきました。そのどれもが「人持ち」の企業。

良き仲間たちに囲まれ、塾長はＬＭＰの社外役員会を設置しました。

コーディネーターは、塾長がピート会計事務所時代に携わった、松下グループ本体の経理部長、森田和一さん。

森田さんは、松下式経理のプロ。

各社の経理内容を的確に分析して、伸ばすべき強みと課題を明らかにしていきます。それをもとに、ビジョンの実現や課題解決に向けて、みんなの知恵を集めていきました。

また、心からのファンになってもらう「重要感表現の営業法」を、神戸高校時代の友人、佐藤さんに指導してもらいました。


さらに、お互いの企業を訪問して、ざっくばらんに改善策を提案。

相乗効果によって、着実に各社が成長していき、実践事例のとおり、グローアップの米田社長や、のちに大きく成長して上場を果たした中村超硬の井上社長などを輩出しました。


数々のリーダーを成長させてきた塾長が、何度もくり返した言葉。

「まずは、理念ありきや」

意識が習慣をつくっていく。その「意識」の根のところ。

これがなければ、どんなテクニックも通用しません。すべての仕事は「人と人」で成立するもの。その人を動かすのは、やはり熱い想い、「理念」なのです。

◆各地LMP塾

大阪を中心に発展してきたLMPはやがて、これまでJCなどで培ってきたご縁に導かれ、全国各地に広がっていきます。

まずは塾長の故郷、徳島です。

地元のご縁でスタートした「徳島塾」は、塾長の父親がつくった「井筒館」で実施。

「懐かしいなあ。古い仲間とか、ＪＣの仲間が集まってくれてな。徳島弁まるだしで和気あいあいと熱く語り合ってたん」

よほど楽しかったのでしょう。

塾長は当時を思い出して、おかしそうに笑いました。

徳島塾はやがて「徳島人持ち人生塾」と名前を変え、化粧品のトップセールス、武田ひさ子さんのユーモアあふれるリーダーシップで、活気ある会を毎月実施しています。

春には塾長所有の剣山をめぐるツアー、夏にはよさこい、阿波踊りツアーなど、全国各地の「人持ち」な仲間が集まる拠点にもなっています。

その後、東京、伊勢、米子、奈良、神戸、寝屋川など、各地で良き「人持ち」な仲間の輪が広がっています。


そして全国から世界へ。

ロサンゼルスでもＬＭＰを開催しました。

「えっ、ロサンゼルス？」

「そうや」

「どんなきっかけで、ロサンゼルスの開催になったんですか？」

興味津々で尋ねると、塾長は笑って、ポツリ。

「……どんなきっかけやったか、忘れたな」

「ええっ」

僕も笑わずにはいられませんでした。

各地で開催する中で、いくつもの改善をくり返しながら、塾長の実践、体感を経て、ますます磨かれたライフ・マネジメント・プログラム。

体系化も進み、塾長は集大成として『目標達成力の高め方』を出版しました。

出版社は、松下さんが大切にされていたＰＨＰ研究所。志の確立と実践レールを丁寧にまとめ、想いを込め、大切につくった本でした。

出版記念パーティも、ＬＭＰの集大成を象徴する盛大ぶり。

多くの仲間たちが訪れ、塾長を祝福し、大いに笑い、語り合いました。もしひとつの物語であるならば、ここで最終回を迎えても良いぐらい、楽しい時間でした。

――しかし。

物語は、終わりません。
家業による幾多の試練が、少しずつ塾長に忍び寄っていたのです。

実践事例③

「ほめちぎる教習所」

大東自動車（株）：加藤光一

三重県を中心に、教習所をはじめ、二輪レンタル、女性専用フィットネスクラブ、保険の代理店など、6つの事業を経営。

中でも「南部自動車学校」は「ほめちぎる教習所」として現在、各メディアに取り上げられ、全国から注目を浴びている。

著書に、『「ほめちぎる教習所」のやる気の育て方』（KADOKAWA）がある。

――ほめちぎる教習所がある。

はじめて知ったのは、たしか全国放送のテレビ番組だったかと思う。「え、教習所なのに叱られないの？」と驚いたから覚えている。

そこに映る指導員の表情、生徒の表情。これが本当に教習所なのか、と思わずにはいられないほど、笑顔があふれていた。何より「ほめちぎる教習所」という言葉のインパクト。

のちに、横井塾長のもとで学んでいた、と知って、再び驚いた。

加藤社長もまた、塾長自慢の弟である。

「加藤さんは、つねに現状を打破して、ビジョンを打ち出していく。先頭に立って、みんなのチカラを引き出していく。いわゆるビジョナリーリーダーなんやな」

取材をするにつれ、社内の分裂など、一筋縄ではいかなかったからこそ、たどり着いた「ほめちぎる教習所」の物語がひも解かれていった。

いかにして、ほめちぎる教習所は生まれたのか。

そしてそれは一体、南部自動車学校に何をもたらしたのか。

教習所の業界を根底から変えた、その着想の秘密、そして「志」について、加藤社長にお話を伺った。

◆革新派と保守派の対立

もともと父が社長だったんですけど、雇われ社長だったものですから、継ぐという意識はあまりなくて。

大学卒業後、私は東京でぜんぜん違う、宝石の販売をしていたんです。

当時はバブルの全盛期で、つくったら売れるという感じだったので、非常に仕事が面白かったです。

ただ、自動車学校の親会社が倒産してしまって。それを受けて父が株を取得して、昭和52年かな、雇われ社長から本当の経営者に変わりました。

その後、父なりに頑張ってきたんですけど。

「こっちに戻ってきて、手伝ってくれないか」

私が28歳のときに、オファーがありました。

けれど、東京がいろいろ便利で良かったので、「それなら2年間、東京の自動車学校で修行させてほしい」と提案しまして。

提案どおり2年間、東京の自動車学校で指導員資格を取って、修行しました。

そして、三重に戻ってきたのが30歳のときです。


――けれど。

戻ってきて、はじめてわかったんですけど、状況がかなり悪かったんです。

組織が完全に2つに分かれていて。教習所を変えていかないといけない、という革新派と、それから保守派。

ともに相容れず、でも2つに分かれているのは良くない、ということで、無理やり革新派のほうを潰してしまったんです。当然、革新派のほうが投げやりになってしまって。

「一所懸命に、会社のためにやろうとしていたのに」

「もうこの会社はダメだ」

そうしてみんな、やる気をなくしていきました。何も知らない私が戻ってきたのは、そんなときだったんです。

さらに、市場も最悪でした。

自動車学校って多くの場合、18歳になったら免許を取りに来るんです。つまり、出生数を調べれば、おのずと18年後の市場が見えてきます。

ちなみに、私が戻ってきたとき。団塊世代の子どもたちがちょうど18歳になる頃で、人数がとても多かったんです。

ただ、問題はその後でした。子どもたちがどんどん減っていく。向こう18年で、市場が半分になっていくことが容易に想像できました。


雰囲気の悪い組織と、将来性のない市場。

「……父に騙された」

本気で、そう思いました。

「市場が半分になったら、もう社員をリストラするしかない。人口に合わせて減らしていくしかない。そういうネガティブな策しか残されていないんじゃないか」

◆担当制で心の教育

塾長と出会ったのは、ちょうどそれぐらい。三重県に戻ってきて、急に経営サイドに立つようになったときでした。

経営に関して、右も左もわからない。しかも組織の状態は悪化していく一方で、市場についても見通しが立ちそうにない。

「……いったい、どうすれば良いのだろう」

ずっと頭を抱えていたとき。

伊勢青年会議所の主催する講演会があって、その講師がたまたま横井塾長でした。

「経営において、経営理念いうものが大切なんやな。ただ、経営理念があっても社員に浸透していなければ意味がない」

「経営理念のないところはつくらんとあかん。経営理念があるなら、社員に浸透していくよう全力を注がなあかん」

これだ、と思いまして。塾長のもとで勉強しよう、と思ったんです。

そして毎月1回、三重から大阪に通いました。

塾長にいろんな知恵をいただきながら、経営理念と社員信条をつくりまして。今でも変わらず、毎日唱和しています。

「心と技の交通教育を通じ、お客様に永遠の安全を提供する」

――そこからです。急に改革がはじまったのは。

運転技術はこの先、自動運転などの発達でおそらく変わっていく。

でも、心の部分はきっと変わらない。運転に対する心構えとか、考え方とか。そして本来はそういうことのほうが大切で、生徒に授けるべきことだと思うんです。

だから「技」よりも「心」のほうが先に来ている。

ただ、心の教育って非常に難しいんです。

短い教習のあいだに、いろんな指導員がバラバラに教えていたら、なかなか心の教育までたどり着かない。どうすれば良いのだろう、と思いついたのが、「担当制」でした。

１人の指導員が、入校から卒業までずっと担当していく。そうすることで互いの関係性が深まって、心の教育まで深化させることができる。

指導員にとっても、これまで以上に情が移って「事故をさせたら自分の責任だ」と自分の中のハードルが上がり、「なあなあ」でハンコを押すこともなくなる。

また、担当制にすると、たとえばあの指導員の教えた生徒は事故率が高い、この指導員の教えた生徒は事故率が低い。検定合格率とか、アンケートとか、如実にあらわれてくる。

ですから、私たちにとっても、どの指導員を教育すれば良いのか。判断基準になって、非常に底上げができるんです。

さらに、１人の指導員がずっと教えていくと、生徒がその指導員に対して、すごく感謝してくれるようになるんです。

なかなか指導員１人ひとりに直接、感謝の声を届けられなかったのですが、その点も解消できる、ということで。

前例のないことだったので、周囲や行政の反対はあったのですが、担当制度をなかば押し通すカタチで進めていきました。

紆余曲折を経て、実施にこぎつけた「担当制」。

やってみると、1人の指導員が入校から卒業まで面倒を見るので、関係性が深まり、そのため紹介がものすごく増えました。

「わたしの友だちも先生が教えてあげて」

「先生、おれの後輩も担当してあげてよ」

結果、紹介率が48%。入校者のうち、約半分が紹介で来てくれるのです。

◆ほめ達の導入

そして次に思いついたのが、「ほめて伸ばす」ということでした。

自動車学校って「非常に横柄」とか「叱られる」とか、そういうマイナスイメージがどうしても強い。そこに着目したんです。このマイナスイメージを利用しようって。

ただ、「ほめて伸ばす教習」では、どうにもパンチが弱い。

「じゃあ、〈ほめちぎる教習〉にしよう」

これが「ほめちぎる教習所、南部自動車学校」のはじまりです。


ですが、ほめるってなかなか良い教材がなくて。ずっと「何かないかな」といろいろ探していたんですね。その中で塾長の紹介で出会ったのが「ほめ達」でした。

なんでも、西村貴好さんという方が代表を務める「ほめる達人協会」というものがあって、さらに「ほめ達検定」なるものを実施しているという。

「これは良いかもしれない」

そこで、管理職でいちばんほめるのが苦手だった人と一緒に、２人で大阪へ「ほめ達検定３級」を受けに行きました。

そのときの感触がとても良かったんです。

「わかりやすくて、とても良いな。みんなでこの〈ほめ達〉検定を持っているのは自信になるかもしれない」

すぐに代表の西村さんに来てもらって。指導員はもちろん、受付の方、送迎バスの運転手など。とにかく全員、「ほめ達検定３級」を受講してもらいました。

ほめ達検定のおかげで、「ほめる」ことの大切さ、「ほめ方の基本」はわかってもらったのですが、まだまだ恥ずかしさがあって、なかなかほめられないいんですね。

「もっと日々に〈ほめる〉を落とし込みたい。そのためには数をこなすしかない」

そう思って、朝礼を30分に拡大。「ほめるロープレ」をはじめました。２人１組になって、１分間相手をとにかくほめちぎる。交代してまた1分間相手をほめちぎる。

ほめシャワーもしました。

みんなの輪の中に、１人だけ立ってもらって、全員から1言ずつほめてもらう。ほめる言葉を全身に浴びていく、まさにシャワーのような感じで。

そういうことを1か月ぐらい続けてみたら、「あ、これはなかなか。みんないけるな」という感触があったんです。

はじめは外見をほめるばっかりだったんですが、毎日やっているとそのうち、ロープレで同じ人に当たったりして。すると、外見だけじゃなくて、内面もほめはじめるんです。

「あなたのこういうところが優しくて、すごく素敵です」

「このあいだの、あの何気ない気配りに感動しました」

「いつもしてくれているあの行動、実はいつも感謝しているんです」

それってつまり、普段から「観察している」ということですよね。

内面をほめようと思ったら、相手を知らないとできないので、「どこをほめよう」とか観察する。どんどん、ほめるために「相手の良いところ」を見つけようとするんです。

だから、短所よりも長所にどんどん目が向いていくようになりました。

朝礼の雰囲気も変わりました。

これまでとは違って、朝礼が「ほめる時間」になったので、みんな笑顔いっぱいになっていて。恥ずかしそうにしていた人も、今ではとても楽しそうです。

また、長所に目を向けるので、「肯定思考」が浸透して、社内の人間関係もずいぶんと良くなりました。

こっちに戻ってきたときの、あの分裂からは考えられないほどの進展です。

「よし。本格的に、南部自動車学校は〈ほめちぎる教習所〉としてスタートしよう」

ここでは、メディア戦略と言いますか、ブランド戦略もしっかりと練っていきました。

会社のロゴマークも「ほめちぎる教習所」に変更。校舎にも「ほめちぎる教習所」と書かれた大きな看板を取り付けて。

バスのラッピングも一新したり、制服も可愛らしい感じにしたり。

ブランドを構築しながら、メディアにも訴えていく。やはりテレビ局が取材に来てくれることで、社員みんなの気持ちも上がって、覚悟も深くなっていくので。

最近は全国放送でも取り上げてもらえるようになってきて。1か月に2本ぐらいはいろんなメディア、テレビ局が来てくれるようになりました。

そういうメディア戦略が、非常に功を奏したな、と思います。社員のやる気にもつながって、「ほめちぎる教習所」としての覚悟にもつながった、と言いますか。

当然、売り上げにも反映されます。

同時に合宿もはじめていたので、もうどんどんと入校生が来てくれて。ほめちぎる教習所としてスタートしたときと比べると、約2倍近い入校生がいます。

現在はむしろ指導員が足りなくて、入校をお断りしている事態になっています。

卒業後の事故率も減っていて、「結果がついてきたな」って。やっぱりはじめた当初は「ほめてばっかりで大丈夫なのか」という声もあったので。

ほめることの効果、成果が、実証されたんです。

◆感動の卒業式

南部自動車学校の強みについて、「3つぐらいは欲しいな」と思っていて。ひとつは「担当制」、もうひとつは「ほめちぎる」、そして3つめが、「親感謝プログラム」。南部自動車学校に入ると、親に感謝する気持ちが強くなる、というもの。

お金を払うのは、大半が親ですから。

だから親にも満足してもらえるような仕組みをつくろう、と。

それら3つの強みが相まって、「卒業式」は非常に感動的なものになっています。半分以上の生徒さんが涙されていて。「本当に自動車学校なの?」というぐらい、私たちも感動をいただいています。

珍しいですよね、自動車学校の卒業式で涙するなんて。

そうなるのはやはり、担当指導員との関わりが大きいです。コミュニケーションを重ねて人間関係が深くなっているので、互いに感情が動くんです。

振り返ってみると、塾長の指導で「経営理念」を立て、「強み」を打ち出すビジョンをつくったことで、みんなが同じベクトルになったことが大きかったと思います。

塾長は、幅広いネットワークと、学びの重続で、いつも的確なアドバイスをくれます。私にとって、動かぬ座標軸、いわば北極星のような存在です。

革新派と保守派が真っ二つに分かれていたときは、どの方向へ行くのか、みんなが見えていなかった。

歩いていく道が見えなかった。

私自身、それを示すことができなかった。

ですが、今では歩いていく道が一本、はっきりと見えている。

これがすなわち、「志のチカラ」ではないかと思います。

実践事例④

「心に火をつける講演家」

(有) クロフネカンパニー：中村 文昭

言わずと知れた、人の心に火をつける「魂」の講演家。文昭さんの講演を聞いて、何度笑っただろう、何度泣いただろう。

全国各地を飛びまわりながら、研修「ご縁紡ぎ大学」を展開。ほかにも障がい者が働く、やさしいレストラン「クロフネファーム」、引きこもりやニートと農家をつなぐ「耕せにっぽん」も行なっている。

そんな文昭さんは、横井塾長を「師」と仰ぐ。聞けば、塾長の家に寝泊まりしていたことがあるらしい。ＬＭＰ人持ち人生塾の塾リーダーも務めて、つながりが深い。

「文ちゃん（文昭さん）は、天性の肯定思考、人を動かす天才やな。会うととにかく楽しくて元気になる」

塾長は、文昭さんの大ファンである。

どういう経緯を経て、文昭さんは、「文ちゃん」になったのか。

その秘密を探るべく取材を行なったのだが、僕の目論見はみごとに外れた。取材どころではなかったのだ。

僕たちはとことんまで笑わされて、泣かされて、感情を揺さぶられて、忘れられない最高の時間を過ごしてしまった。

そして帰りの電車で、ふと気づくのだ。

「……あれ、何しに行ったんだっけ」

人間としても、リーダーとしても、とにかく大きな文昭さん。

ＬＭＰ人持ち人生塾との関わりをひも解く中で、「なぜ、文昭さんが講演家になったのか」が少しだけ見えてきた。

◆母に喜んでもらいたい

原点は、子どものころです。

僕は三重県の宮川村という、それはもう想像を絶する田舎育ちで、遊びも当然すべて自然が相手でした。

季節によっては近くの川で鮎を捕って。それを持って帰ると、母親が奥からバタバタと駆け寄ってきて「どうやった？」って聞くんです。

大漁の日も、不作の日も毎日、聞いてくれるんで。誰でもそうやと思うんですけど、やっぱり子どもなら、親に喜んでほしいって思います。

「どうすれば、もっと母は喜んでくれるんやろう」

僕はたぶん、家へたどり着く、３００メートルぐらい手前から「この話をしたろ」とか「こんな例え話を入れたら、もっと手を叩いて喜ぶかな」とかそういうことを考えていました。

喜ばせたい、が生活の基本にあったんです。「人を喜ばせることの喜び」は、母から教わった僕の原点です。


もうひとつ原点にあるのが、「遊びをつくっていた」ということです。

田舎の山や川で毎日、遊びをつくっていたんです。いろいろ工夫しながら。

だから今、新しい仕事を「つくる」とか、企画を「つくる」とか、そういうのがぜんぜん苦にならない。

最近は、ゲームとか用意されたものの中でしか遊べないですよね。それって「遊ばれている」んです。

何もないところから「面白い遊び」をつくり出すという習慣がない。


人を喜ばせたい。面白いをつくっていた。その習慣が、僕の原点だと思います。

◆返事は0・2秒、頼まれごとは試されごと

それがポンと東京に出て、ある師匠と出会って。

人生の目的は金儲けじゃない、って。人の役に立つ人間になりたいんだ。人に喜ばれて満足できる人間になりたいんだ、って。

衝撃を食らったような、目からウロコの出会いでした。

僕なんてど田舎の生まれ育ちで、頭は悪くて、悪さばっかりして。

ダメ人間の象徴みたいに先生からも言われてきて、「どうせ俺なんて」っていうのが口癖だったんです。

でもその師匠は事業に失敗されて、大きな借金背負って、それなのにまだ、どん底から「ここから、また面白いことやったろう」と言っている。

軽トラの八百屋さんで、復活を遂げようとしている。

しかもその目的が「自分のためよりも人を喜ばすため」って。「人に喜んでもらいたいから、事業家になるんだ」という想いを持っている。

それを聞いて、思ったんです。

「順調な人生から面白いことをしても、振り幅が狭いねんな」

でも反対に、落ちまくって落ちまくって、もうどうしようもないところまで落ちた状態から、軽トラの八百屋さんで復活を遂げようとしている人の「人生の振り幅」はすごい。

「……この人に乗っかったら、これまでのダメダメ人生が化けるかもしれん」

もしかしたら本になるかもしれない。映画になるかもしれない。あのころ、よくそう言っていました。

身体は食べてきたものでつくられています。心というものは、聞いてきた言葉でつくられていく。そして未来は、自分の吐き出す言葉でつくられていくんです。

ダメだ、という言葉ばかり発している人には、可能性ってないと思うんです。

同じ事柄でも、見方って絶対に2種類あるんですよね。Aという方向から見るか、Bという方向から見るか。未来があると思うか、もうダメだと思うか。

「これから俺、めっちゃおもろいことになるかもしれん」

そういう風に思えた師匠との出会いは、本当に価値のあるものでした。

師匠に頼み込んで、野菜行商軍団に加えてもらい、築27年、4畳半での集団生活がはじまりました。

過酷だけど、学びの多かった野菜行商を通じて。

「返事は、0・2秒」

「頼まれごとは、試されごと」

いろんなことを教えてもらいました。

やがて師匠率いる行商軍団は、六本木に小さな小さなバーを開店。

「中村、おまえはカウンターに入れ」

驚きました。

師匠の厳命とは言え、山奥で育ち、東京に出てからも行商しかしてこなかった。カクテルさえ飲んだことがなかったんです。

「やってもいないうちから、何が無理だ。やる前から無理だ、無理だと言っていたら、結局何もできないだろう」

師匠の言うとおりでした。

その後、僕は一流ホテルでの修行期間を経て、カウンターに入って。およそ3年で西麻布、六本木界隈に5店舗を展開していきました。

そして。

「三重で一番になれ」

師匠に励まされて、僕は三重に戻り、店を開きました。ショットバーからはじまり、小さな店をいくつか展開。その後、2億円もの資金を「人のご縁」で調達したウェディングレストランをオープン。

すべてが順調に進んでいたんですけど、人生うまくいくことばかりではありません。

「カラオケボックスが潰れそうなんやけど」

僕のところに相談があったんです。

とにかく大きな建物で、「これほど大きなハコで、おもろいことができるのは中村しかおらんやろう」って白羽の矢を立ててもらって。

頼まれごとは、試されごと。

しかも調子にのっているときでもあったので、ちょっと甘く考えていて。「俺なら余裕やろう」って錯覚を起こしていたんです。

結果、――ダメでした。

1年ぐらいで立ち行かなくなって。転がり落ちるように、借金が膨れ上がっていったんです。サラ金にも手を出して。そしてカラオケボックスを潰しました。

◆LMPとの出会い

ＬＭＰと出会ったのは、その頃ですね。

考えてみたら、スゴいタイミングです。もし順調なときに塾長と出会っていたら、たぶん人持ち人生塾には行っていなかったと思います。

だけど、本当にガツンと頭を打って。もう急転直下でダメになって。母体のウェディングレストランにも支障が出て、「ほんまにあかん」という瀬戸際で塾長に出会ったので。

ＬＭＰ伊勢塾に通いはじめ、そこで谷真珠の谷興征さんに会いました。

彼は、真珠王の御木本幸吉さんの子孫、爽やかで凛としています。

すぐに波長が合って、「今は自分磨きとネットワークづくりをする時期だ」ということで、一緒に大阪塾へ通いはじめました。

伊勢から大阪まで。近鉄電車ですよ。そのお金が惜しくて。日帰りができないので、宿泊代もかかってくる。

それはもう連れ込み宿みたいな、ボロボロのところに泊まって。湯を出そうと思っても、シャーって2手に分かれて湯が出る、みたいな。

結局、塾長の家に泊めてもらうことになって。

塾長宅での合宿は楽しくて、懐かしい思い出です。塾長の奥さん、愛子さんのおいしい手料理をいただきながら、塾の若手仲間たちと夜遅くまで語り合いました。

金銭的には大変でしたが、でも小手先のことは考えていなかったです。

それよりも大きく、未来のことを考えていました。


塾長の家に泊めてもらっているとき、近くの芦屋神社に早朝、長嶋茂雄さんが散歩に来られている、と聞きつけてみんなで待ち伏せました。

そして本当に、長嶋さんがやってきたんです。

「長嶋監督！」

声をかけた僕たちに対して、長嶋さんは気さくに応対してくれました。ただ、例の長嶋語で何を言っているかはぜんぜんわかりませんでしたけど。

とにかくオーラがすごかったです。

「強みに徹すれば、弱点は愛嬌に変わる」

そんなことを学ばせてもらいました。


僕が、塾でいちばん鍛えられたのは、「感想」と「決意」です。

塾の終盤、急に塾長から振られるんですよね。「文ちゃん、感想言って」って。おかげで反射神経というか、直感力が鍛えられました。

しかも、塾長から「つぎの塾リーダーは、おまえやれよ」って。

ええっ、と驚きながらも、今の塾に「面白さ」を加えたら、みんなもっと楽しくなって、良い風が吹くんじゃないかな、と思って引き受けました。

リーダーになってからも鍛えられました。

塾長から急に振られて、みんなが「感想」と「決意」を述べていく。それを受けて、「さっきの塾長の言葉とつなげて、このセンテンスを生かして」と瞬間的に考えるんです。

さらに例え話をひとつ入れて、みんなに笑ってもらって、ドンと心に落とす。

毎週、そのくり返しです。

相手の言葉に耳を傾けながら、瞬間的なひらめきを重ねて。もうめっちゃ頭を働かせて考えていました。それがね、自分の実力に変わるんです。僕の強みになっていくんです。

あと「ＬＭＰノート」もありました。理念や信条、ビジョンをもとに、年間、月間、週間とＰＤＣＡができるようになっているノートです。

僕は、書くのが苦手で。でも塾長に怒られるから書かないといけない。

ただふしぎなことに、書いてみたら自分で決めた期限よりも、前倒しでどんどん達成していったんです。達成したＬＭＰノートを前に、いつも思っていました。

「……これ、達成してしまったら、あとどないしたらええねん」って。

◆心に火をつける講演家に

「おもろいなあ。きみのその波瀾万丈な人生には、人持ち人生に必要なことがいっぱい含まれている。どうや、文ちゃんの体験を話してみいへんか」

塾長に言われたことがきっかけで、講演家への道を歩みはじめました。

そして初の著書となる『お金でなく、人のご縁ででっかく生きろ！』（サンマーク出版）を出版。おかげさまで好評をいただき、コミック版や続編も出ています。

塾長がきっかけをくれた講演活動が全国に広まって、今では講演活動がメインになっています。

講演会は年間、２２０回ぐらい。出会いやご縁、「幸せに近づく生き方って何だろう」とか、そういうきっかけになればな、と思って話しています。

ほかに「クロフネファーム」ですね。

僕ひとりでは何もできないので、みんなのチカラを借りて、身体とか地域とか、環境にやさしい、野菜を中心としたビュッフェレストランを伊勢につくりました。

クロフネファームは、就労支援持続Ａ型施設事業所でもあります。身体、知的、精神に障がいのある方たちにも働いてもらっているんです。

お客さま、スタッフ同士、身体にも環境にも地域にも、ほんと「やさしい」がテーマですよね。

農業生産法人の株式会社「耕せにっぽん」での活動もあります。ちょっとマイナスにベクトルが向いている若者たちをしばらく預かって、北海道、名古屋、石垣の3拠点で、農業研修、共同生活、就労体験を通じて自立のお手伝いをしています。バラバラのように見えるかもしれませんが、「幸せに近づく」、「人生を掘り下げていく」っていう点で一応、僕の中では繋がっているつもりなんです。

喜ばしたい、人の役に立ちたい。その結果、「いてくれて良かったな」と言われる自分でいたいな、これが僕の志かなと思っています。

そして、こんな僕の背中を見て、子どもたちとか若者が、少しでも参考にしてくれたら嬉しいです。

塾長ってほんま、いつもにこにこ。「笑顔のいっちゃん」ですよね。笑って見守ってくれている、親父のような存在です。

天性のユーモリストで、少し天然のところもあるので、いじりがいもあります。

第4章

恋の試練

LMP転換期

1 吹き荒れる逆風

はじまりは、緩やかな下降からでした。

日本経済がバブルに湧き、誰もが日本の右肩上がりを疑わなかった中、わずかに傾いた下降。その小さな歪みが、またたく間にすべてを狂わせていったのです。

——バブル崩壊。

不動産を中心に軒並み値が下がり、急転直下、デフレ経済へ。

同時に、金融機関の引き締めが厳しくなり、とたんに資金が枯渇。

木材価格も底値を失ったかのように下がりつづけ、ビルも、家賃も下がっていく。売上が立たなくなっていく。

ビルの建て替え、倉庫の増設とも時期が重なり、致死量に迫る出血のごとく、資金がみるみる失われていきました。

当時、九州拡大を行なった父親の代で、すでに十数億の借金があった上に、様々な投資がかさみ、借入は数十億円まで膨れ上がっていきました。

塾長、40代後半の頃でした。

そのとき、ビルはまだ何とか価格を保っており、売れば借金を大きく返せました。

しかし、塾長は二の足を踏みます。

「……父の想いの込もった資産やからなあ」

葛藤の末、決断の機を逸して、価格はあっという間に下落。


それだけでは終わりません。

地域の林業復興のため、村が第３セクターとして創設した集成材の加工会社も倒産。塾長が保証責任を被ることになりました。

さらに、木材価格の低下から「私の森」事業の先行きが見えなくなり、倍額増資したもののオーナーからの問い合わせやクレームが増え、その対応に追われました。

そして、――アスベスト問題。

ビルのひとつがアスベストを使用、家賃がさらに下がりました。また、倉庫もアスベストを使っていたために一部閉鎖。

お金が底を尽き、

「……さすがに、もうダメかもしれん」

万事を休した、そのとき。

そのときこそ、ライフ・マネジメント・プログラム。ＬＭＰ実践のときでした。

2　ピンチは、チャンスの芽に

毎晩、眠れぬ夜を過ごしていた塾長はある朝、ふとひらめいたと言います。

「……これまで真剣に人の成長をサポートしてきた僕を、天が見捨てるとは思えない」

塾長は、ベッドから立ち上がりました。

「今こそまさに、〈ピンチは、チャンスの芽〉なんや。これを乗り切れば、ＬＭＰはより本物のプログラムになる」

ＬＭＰの基本習慣「肯定思考」。

まだ先の見えない暗闇の中でしたが、塾長は建て直しに舵を切りはじめたのです。

塾長が実践したことは、主に３つ。

まず、――ＬＭＰの基本習慣「ＰＤＣＡ」です。

これまで週単位で行なっていたＰＤＣＡを、日々行なうことにしたのです。

当時、借金返済や補償対策をはじめ、建て直しにともなう事業案など、20ぐらいのプロジェクトを抱えていた上、「待ったなし」の状態でした。

そのため、これまでどおりのペースでは追いつかず、日々、高速でＰＤＣＡをまわしていきました。加えて、ブレーンへの相談も並行して行ないました。

しかし、手に余る課題がまだいくつも残っていました。

「これはもう、天のチカラを借りるしかない」

――サムシング・グレート。何かわからない、偉大なもの。

じつはそのとき、塾長には「サムシング・グレート」がピンと来ていませんでした。どういうものなのか。本当にあるのかどうか、確信が持てなかったのです。

サムシング・グレートを体感できるチャンスだ、と考えました。

そのためには、３人の師のうちの１人、谷口雅春さんの考えを学びなおそう、と思い、谷口さんによる『生命の実相』テープを朝晩くり返し聞きはじめました。

「人間神の子、すべては天から与えられたチャンス」

サムシング・グレートと一体化するように、そう心に沁みこませていったのです。

つづいて、「百日行」も行ないました。

百日をひとつの区切りとして、「この課題を解決したい」などテーマを設定。

そして毎朝、近くの芦屋神社に通い、百日間、そのテーマにまつわる「感謝」をくり返しました。

——ＬＭＰの基本習慣「感謝」。

解決したときのイメージを頭に描き、「ありがとうございました、ありがとうございました」と1日1万回。量にこだわって、唱えつづけました。

カウンターをつくって、記録していき、徹底的に「感謝」を伝えつづけたのです。

感謝をより具体的に、幅広く行なうため、「感謝リスト」も作成しました。

健康な身体、良きご縁、ありがたい仕事、先祖からの資産など、リストにしてみると、「人への感謝」を中心に、なんと３００項目ほど書きつらねることができたそうです。

ＰＤＣＡ、サムシング・グレート、感謝。

すると、少しずつ流れが変わりはじめた、と言うのです。

はじめに、メインの銀行が動きはじめました。

「このままでは全部がなくなってしまう。こちらも協力するので、大幅な事業の再構築を行ないましょう。根本的な手術が必要です」

解決に本腰を入れてきたのです。

もちろん塾長にとっては、本意ではありませんでした。

借金を残してでも、資産を残して、縮小は避けられないにしても、今のまま何とかつづけていきたい。それが本心でした。

しかし決断を迫られ、塾長はついに舵を切っていきます。

法的な観点から言えば、民事再生、倒産させるのが一番ラクでした。けれど、そうすれば、30年間も数々のリーダーに伝えてきた「ＬＭＰ」が根底から覆ってしまう。

「こんなんで逃げたら、もう二度とＬＭＰはつづけられへん」

塾長にとって、ＬＭＰは何より守りたいものでした。

建て直しを行なうにあたって、もちろん、ひとりではどうにもなりません。人生も仕事も、ライフ・マネジメントは、良き仲間たちと一緒に行なうもの。

塾長はカテゴリー別に、チームをつくっていきました。

事業の再構築については、会社の規模を思いきって縮小。

「ソフトとネットワークで生き残ろう」と考え、神戸高校の友人で、事業再構築のプロ、佐藤さん（35頁にも登場）に導いてもらいました。

その脇をしっかりと固めてくれたのが、大手銀行に勤めていた小網さん、住友商事でリスク対策をしていた田中さん（２人とも36頁に登場）。

毎週、ミーティングを重ねて、塾長を支えつづけました。

一方で、お金を生む方法も考えなければなりません。

「林業しかない。山を資金化しよう」

京都大学時代の友人、三宅さん（44頁に登場）が九州と四国、それぞれの現場リーダーたちと連絡を密に取りながら、林業対策を担当。

正しい情報だけを吸い上げて、塾長を導いてくれました。

そのほか、会計と税務の問題は、税理士の山根壮介さんが大局を判断。

また、きめ細かくフォローしてくれた、アクタス税理士法人の野田忠明さんは、営業感覚を持つ税理士。ＬＭＰの塾生でもあります。

同法人の山本文江さんも、頼れる存在。長くＬＭＰに携わってくれています。

法律の問題は、こちらも塾生。真面目で、誠実、人間力のある弁護士、松村安之さんに依頼しました。

倒産するか、手放すか。

その難しい決断を、何度も迫られました。

そして、ひとつずつビルを手放し、倉庫も手放し、山も手放し、その過程で、だんだん世間体やプライドが、どうでも良くなってきた、と言います。

子どものころ、自然の中で天真爛漫に遊んでいた、あのころのような純粋に「楽しく生きる」ということが浮かび上がってきたのです。

「もう、カッコかまわんとこう」


少しずつ感じはじめていた「サムシンググレート」から、「おまえの本当の使命は何か」と問われているような気がしていました。

先祖の資産を守ることか。

「いや、違う」

塾長は首を横に振りました。

――人を育てること、人の成長をサポートすること。

それこそ、天から与えられた、本来の使命ではないか。

そう思うようになっていきました。自然体になっていく感覚を得た、と言います。

ひとつずつ不安要素が消えていき、十数年かかったものの、借入金、保証などの諸リスクはほとんど片付きました。

「やっぱりサムシンググレートはあったんやな」

そう思うほど、まるで見計らったように買い手がついていきました。売れない、と思っていたものが、売れていく。

徳島にたまたま林業振興の財団法人が立ち上がり、横井グループが所有していた山々を購入してくれました。

さらに大手製材所も九州の山を購入してくれるなど、幸運なめぐり合わせがつづき、山々の資金化に成功したのです。

事業の継続についても、ご縁が導いてくれました。

「息子に事業を残したい」

そう考えた、明るく前向きな妻の愛子さんが、持ち前の人間関係力を発揮して、ＬＭＰ塾生の藤田一さんがはじめた「ふるさと食品事業」に参加。

息子の伸仁さんとともに、フランチャイズを東京ではじめました。

やがて伸仁さんが引き継ぎ、「美《み》噌《そ》元《げん》」というみそ汁のブランドに育て、東京駅前のキッテビルや二子玉川、池袋、川崎に出店して、マスコミにもよく登場するようになりました。

現在では、大阪の阪神百貨店にも出店。

横井グループの経営会議にも出席するようになり、穏やかで聞き上手の伸仁さんはメンバーから厚く信頼されています。

また、社交性があって、行動的な娘の佐妃子さん。

夫の間宮光健さんは元ラガーマン。人間関係力があり、誠実な公認会計士。大手監査法人で活躍して、塾長の良き相談相手にもなってくれているそう。

伸仁さんと、明るく、センスの光る繭さん（奥さん）の子ども、蒼太さん、悠太さん。また、間宮さんの子ども、光晟さん。３人みんな可愛くて活発、とても仲良し。

どうしたって、塾長の頬は緩みます。

「成長が、僕の生きがいやわ」

普段はなかなか見せない、でれでれの一面。孫想いの良き、おじいちゃんです。

絶体絶命の危機を「ＬＭＰ」で脱した塾長。手もとに残ったそれぞれの事業も、オンリーワン事業として軌道に乗りはじめました。

「……ほんま、ＬＭＰがあったからやな」

30年間蓄積してきたＬＭＰでの学び、そしてＬＭＰで広がっていった仲間たち。

――ありがとう。

心から感謝の言葉が出ました。

これまで、あれも大切、これも大切、と積み上げてきたものが、反対にひとつずつ手から放れていき、「人生の目的は、幸せである」という根本へと至りました。

幸せに生きるということ。

そのために、「感謝する」ということ。

当時は苦しかったけれど、

「……いま思えば、あのときがあったから、いまのＬＭＰがある。本当にありがたい期間やったな」

と塾長は振り返ります。

時代の波に呑まれ、抗うことができなかった。

けれど、「もう、どうしていいのかわからない」という事態には陥りませんでした。

習慣にしていたＬＭＰの肯定思考や、ＰＤＣＡが、道を示してくれていたから。だから、塾長の「軸」は決してぶれなかったのです。

百日単位の、感謝行にも波はありました。

途中でぐっと落ち込んだり、トラブルに見舞われたり。しかしふしぎなもので、最後の10日間ぐらいになると、つぎの希望が見えてきた、といいます。

そんなことが何度も起こりました。

人のご縁で、運がひらかれていく。

運が「運ぶ」と書くのは、まさに「人が運んできてくれる」ものだから。「幸せな人持ち人生」が、ここにありました。

塾長は語ります。

「それまでの僕の人生は、多くのものを先祖から与えられてきた人生やったと思う。だからその分、何とか自分のチカラを示そうとがんばってきたんや」

けどな、と塾長は微笑みました。

「けど、そういうものがひとつずつ剥がされていく中で、本来の自分が見えてきてん。そして今あるものに、ものすごく感謝するようになったなあ。と、同時に縁のある人たちにもっとお役立ちしたい、と強く思うようになったんや」

いま、あるもの。

それは「もの」ではなく、「人のご縁とＬＭＰ」です。

そして、「自分の使命」を見ること。見つめなおすこと。

それこそ、塾長自身の「志」がより明確になった瞬間だと思うのです。

本当に自分が好きなものは何なのか。

本当に自分が望んでいるものは何なのか。

極限の状況で、いろんなものを手放したからこそ、その問いに対する答え、「志」が色鮮やかに見えてきたのかもしれません。

3 人間力の再学習

十数年もの歳月、苦難の時期がつづき、やっと抜けたとき。

塾長が考えたことは、「ああ、良かった良かった」という安堵ではなく、「もう一度、勉強しなおそう」という前向きなものでした。

——進歩無限。

「すべての出会いは、必然にして必要である」

あの苦難さえ、人間力を磨くには必要なことだったのかもしれない。苦難を生かすためにも学びなおそう。塾長は「未来」に目を向けていました。

◆中村文昭講演会に学ぶ

「それで、まずはじめに行ったのが、文ちゃんの講演会やったな」

さらりと言った塾長ですが、文ちゃんとは、中村文昭さんのこと。当時、すでに売れっ子になっていたとは言え、自分の教え子です。

学びなおそう、と思って、「自分の教え子から学ぼう」と考える。その人間力に頭が下がります。

講演会に行って、塾長は驚きました。

文昭さんのすごい人気と、自然体で楽しい語りくち、そして人間力。文昭さんは塾長のことを「自分の師匠」と紹介してくれました。

すると、みんなが「文昭さんの師匠」として、塾長に接してくれます。

「正直、嬉しかったな。あのときは、ちょっと自尊心を失いつつあったから」

そうして、文昭さんの講演からもどん欲に学びを得ていきました。

「頼まれごとは、試されごと」

「返事は、０・２秒」

単なる面白い話だけではなく、落としどころ、学びがしっかりとある。

磨かれた話芸に触発され、塾長はふたたび立ち上がる決心をしました。文昭さんとのコラボで「ワンデーセミナー」を開催。

いつぶりでしょう。大勢の前で、「幸せな人持ち人生」について話したのです。

感覚がよみがえり、奮い立ちました。何より話していくにつれて、みるみる共感する人たちが増え、会場が一体となっていったのです。

——ＬＭＰ人持ち人生塾が、完全復活を遂げたときでした。

◆「ほめ達」西村貴好さんに学ぶ

学びなおしは、文昭さんだけに留まりません。

テレビを観ているときに出会った「ほめ達」もそのひとつ。

理事長、西村貴好さんの素晴らしいマーケティングセンスと、コンテンツの組み立てに感銘を受け、さっそく受講しました。

——学ぶなら、徹底的に。

短日のセミナーに参加、というレベルではなく、しっかりと通いつづけ、「ほめ達1級」まで取得。

さらに西村さんとのコラボ「ＬＭＰセミナー」も行ないました。

自分が学んで良かったことは、人にも伝える。

塾長の特徴です。結果、「ほめ達」はまたたく間にLMP内で広がっていきました。

実践事例にもあるとおり、大東自動車株式会社の加藤社長は、「ほめ達」をうまく取り入れて、「ほめちぎる教習所」としてブランディングにも成功しました。


人持ち人生塾でも、「ほめ達」を実践。

毎回、塾の終わりには相互で「ほめ達」を行ない、「感想と決意」を述べて、会を締めています。

この流れによってみんな、より一層モチベーションを高めて帰路につくのです。

塾長は言います。

「西村さんは、志の高い素晴らしいリーダーや」

さらにつづけます。

「〈ほめ達〉は単なるテクニックやない。人間の本質的なニーズなんや。人持ち人生を送っているのは、人の長所を見つけてそれを伸ばしている人やな」

言葉どおり、最近の塾長はまわりの人たちをほめまくっています。そして相互の「ほめ達」で塾長自身もほめられています。

――楽しいことをみんなでやる。

幼少期、「いとこ会」で培った学びが、ここで生かれていきます。ひとりではなく、仲間たちと一緒にすることで「広がり」が生まれていったのです。

◆「志営業」山下義弘（ビリー）さんに学ぶ

少しずつ、ＬＭＰがふたたび勢いを取り戻しつつありました。

その中で塾長は、「もっと世に、ＬＭＰを広げていきたい」と営業力の必要性を感じていました。

「どうすれば、営業力が高まるんやろう」

そんなときに出会ったのが、山下義弘さん、通称ビリーさんでした。

ビリーさんは、大手損保会社で12年間連続、営業成績ナンバーワンという、「超」がつくほど営業のプロフェッショナル、スペシャリストです。

そもそも営業とは何か、という問いから、独自の営業論を展開。

セールスマンとお客さんという関係のまま、お願いしたり、押し売りをしたりするのではなく、「友だち」になること。その延長線上に「営業がある」という考え方でした。

「……人持ち人生に通じている」

人を大切にした営業論に、「これだ」と塾長はすぐさま、ビリーさんのもとで学ぶことにしました。

友だちになるには、「聞く」ことからはじまる。そして相手に喜んでもらう。

――ＬＭＰの基本習慣「聞き上手」。

他人の話は、温かく目を見て、うなずきながら、学ぶ心と協力する心で聞くこと。相手に重要感を伝えること。それが、幸せな人持ち人生には必要です。


塾長はビリーさんのもとで「半年間で、１００人に会う」というプログラムに参加。

ただ会うだけではありません。相手の話を聞き、お役立ちをして、心から協力し合えるパートナーになっていく、というもの。

「……１００人じゃ足りへんなあ」

塾長はＬＭＰの仲間を中心に、なんと２００人に会い、話を聞き、お役立ちをして、より強く関係性を深めていきました。


ビリーさんとの出会いによって、ＬＭＰをベースとした「営業コンテンツ」が体系化されて、プログラムとなりました。

それが、ＩＢ、すなわち「いっちゃん」と「ビリー」の頭文字、「いちびり」による志営業塾です。

「ビリーからはほんま、たくさんのことを学ばせてもらった。彼は右脳派で直感力がある。反対に僕は左脳派で論理的にものごとを組み立てて、システムとして進めていく」

そのバランスがとても良いんです。

息の合った「いちびり」コンビの掛け合いは、学びもあって、面白く、塾生の中でも定評があります。

「ビリーとは、根本の人間観が同じやからな。波長が合うねん。だからコラボセミナーだって僕にとってても学びがあって楽しいし、ビリーとやっているFM放送も面白いねんなあ」

◆「へそ道」入江富美子さんに学ぶ

そして、「へそ道」の入江富美子さん。

出会いは、入江さんの絵画展でした。その場で、「セミナー展開がしたい」という相談を受け、塾長みずからコーチングを行なうなど、すぐに仲良くなりました。

入江さんはもともとアロマなどのインストラクター。

ファンも多く、とても活躍していましたが、病気や旦那さんの事業失敗によって、行き詰まってしまいました。

「……どうすれば良いのだろう」

苦しんでいたところ、ふいに天の啓示のごとく、「〈感謝の大切さ〉を伝える映画をつくりたい」

と思い立ち、まったく知識のないままに、映画をつくったのです。

それが、ドキュメンタリー映画『１／４の奇跡～本当のことだから～』です。

公開後、世界十数ヶ国へ広がっていきました。

「ふーちゃん（入江さん）は、どんなにファンが増えて、人気者になっても、いつだって自然体。そしてちょっと天然。とてもチャーミングやから、会うと心が温かくなる」

その後、入江さんは導かれていくように、伊勢修養団の中山靖男先生、遺伝子工学の村上和雄先生、それぞれの指導を受けて、「へそ道」が誕生。

人間は、へそを通じて、親、先祖、そしてサムシング・グレートとつながっている。

ＬＭＰのベースとも言うべき「サムシング・グレート」が体感できる「へそ道」は、現在アメリカ、ヨーロッパなど世界で行なわれています。

志の原点は、生まれる前からあったのかもしれない。考えてひねり出すものではなく、「思い出すもの」かもしれない。そう思わせてくれます。

入江さんの映画と同時上映されていた映画『神様との約束』にも、塾長は感銘を受けたと言います。『神様との約束』は、前世の記憶を持つ、子どもたちのドキュメント。

なんと子どもたちはみんな、前世で共通の体験をしているのです。

生まれる前に、広く大きな、輝く部屋に集められ、向こうにはテレビ画面のようなものが置いである。その画面で、自分が生まれる予定の母親を見ている、と言うのです。

そして思うのです。

「……ああ、わたしはこの母親に生まれるんだな」

そのとき、子どもたちはみんな、神様と2つの約束を交わします。

「人を喜ばせること。何よりまずは、自分の母親を喜ばせること」

「この世を楽しく、幸せに生きること」

この2つが、神様との約束です。

入江さんが監督をした『1／4の奇跡～本当のことだから～』と同時上映である意味がわかった、と塾長は言います。

『神様との約束』は、「へそ道」がより深く理解できるものでした。

◆斎藤一人さんに学ぶ

ご存知の方も多いと思います。

日本でも指折りの金持ちであり、幸せな人生への道を説いている一人さん。

その著書を読んで共鳴した塾長は、すっかり惚れ込んで、一人さんの本を片っ端から購入。さらにはそのエッセンスをテープに吹き込んで、くり返し聞いています。

「一人さんの人間観は、松下さんや谷口さんと同じ。肯定的な人間観なんやな。しかも実践して大金持ちになってる」

ＬＭＰが目指している「人持ち人生」。それは、人でつながっていく物心ゆたかな人生のこと。一人さんはそのモデル、と塾長は言います。

一人さんの会にも参加して、東北地方の宮参りツアーや、お弟子さんの講演会にも出かけて、一人さんの考えを学びました。

じつは、中村文昭さんの著書『お金でなく、人のご縁ででっかく生きろ！』は、一人さんに帯を書いてもらい、爆発的に売れて、20万部のベストセラーになりました。

つながっているなあ、と思わずにはいられません。

◆「ＩＳＤロジック開発者」服部磨早人さんに学ぶ

塾長の「人間」に対する学習意欲は尽きません。

その学びは、中国古典をベースとした「運命学」にも及びます。

主催の服部磨早人さんは、易学の大家。

中国古典を若くから学び、その中でも尊い教えである「易学」からデータベースを構築。「ＩＳＤ個性心理学」という教育システムにまとめました。

動物占い、として広く知られています。

塾長はここでも初級からはじめ、インストラクターの資格を取得。現在では、塾生指導の参考データとして活用しています。

「服部さんは、難解な易学をわかりやすく伝える天才や。しかも明るくて、一緒にいて楽しいな」

塾長の貴重なブレーンです。

◆ジェームス・スキナーとエドウィン・コパートに学ぶ

日本でもベストセラーとなった、『7つの習慣』の普及や、『成功の9ステップ』などを書いた、ジェームス・スキナーさんのセミナーにも参加しました。

タイトルにもあるとおり、「習慣」の重要性はもちろん、わかりやすく、楽しい、ショービジネス的なセミナーの進め方も学んだ、と言います。

LMP人持ち人生塾に、参加型のワークが多く含まれているのも、ここでの学びが生かされているそうです。

塾長は言います。

「ジェームスは、日本人以上に日本の精神を理解してるんと違うかな。世界にはすごい人がいるもんや」

ところで、塾長が参加したセミナーには、ゲストにカナダで有名なロック歌手、エドウィン・コパートさんが呼ばれていました。

エドウィン・コパートさんは、音楽によって潜在能力を開発するそう。

歌が大好きな塾長は、セミナーでの学びを生かして、早朝トレーニングのお経、２か月先までのスケジュール確認も、すべて歌にしているそうです。

「……歌、ですか」

「そうや、歌にしてるんや」

どんな歌声か、興味があります。

◆「人間力の磨き方」を出版

ＬＭＰは、35年目を迎えました。

横井塾長、67歳のとき。

以前、『林業経営の革新』という著書を出した清文社から、ＬＭＰ35周年の記念として『人間力の磨き方』を出版しました。

出版記念パーティも盛大に行なわれ、これまで塾長とともに笑い、支え、支えられてきた良き仲間たちが大勢、お祝いに駆けつけました。

試練をのりこえ、ふたたび仲間たちとこうして楽しい時間を過ごすことができる。いろんなできごとがよみがえり、塾長は言葉に詰まりました。

「……感謝を伝えたい」

そうして、出版記念パーティでは塾長が作詞作曲した「ありがとう」というオリジナルソングを、塾生のシャンソン歌手、豊岡厚恵さんが心を込めて、美声で歌い上げてくれました。

「まだまだＬＭＰ人持ち人生塾は広がっていく。リーダーのサポートができる」

谷底からはい上がってきた塾長の顔は、輝いていました。

実践事例⑤

「笑顔あふれるチームづくり」

（社）真清福祉会：合田　裕実
かえで保育園：津波古　美奈子

大阪の寝屋川市を中心に、社会福祉法人「真清福祉会」を母体として、特別養護老人ホームを経営。ほかにも2つの保育園をはじめ、ケアハウスも運営している。

面白いのは、保育園とケアハウスが同じ敷地内にある、ということ。

もともと、おばあさんが「子どもと老人の触れ合える空間がつくりたい」と、保育園をつくったあとに、同じ敷地内に老人ホームをつくったという。

実際に訪れてみると、まるで古き良き時代に迷いこんだようだった。

子どもたち、利用者はもとより、そこで働いている人たちまで、みんなが笑顔。世代を超えた、家庭的なぬくもりのある空間になっていた。

どうして、こんなにあったかいのだろう。

そこに「志」のヒントがあるのかもしれない。

その秘密をさぐろうと、姉弟の津波古さんと合田さんに、これまでのこと、横井塾長との関わりなど、お話を伺った。

塾長は、２人のことを自分の子どものように言う。

「合田姉弟は名コンビや。大物のジャイアン（合田さんの愛称）と、バランス感覚の良いみなちゃん。この２人が信頼し合って、助け合っているから、ほんま心強いわ」

◆いつのまにか稼業に

（合田さん）

「いつかは継ぐんやろうな」

長男ということもあって、中学3年のときには、ぼんやり自覚していたと思います。

高校を卒業して、１年間ぐらい老人ホームでバイトをしてから、介護福祉士の資格を取るため、専門学校に通いました。

それから、さらに3年半、近くの老人ホームで勉強させてもらって、24歳で真清福祉会に帰ってきました。

帰ってきたときは、まだ保育園がひとつと老人ホームがひとつ。

父親が仕切っていて、祖母もまだまだ元気でした。

真清福祉会では、いち介護士として現場からはじめました。

修行時代でしたが、大変というよりは、元気なご年配が多い施設だったので楽しかったです。


（津波古さん）

私は、かなり親や祖母に反発してきました。

祖母から「保育学科へ進みなさい」って言われていたんですけど、そのときはスポーツインストラクターになりたかったんです。

そういう科に進んで、そのまま就職しようと思っていました。ただ、身体が弱かったから、向いてなくて断念してしまって。

保育園の事務のお手伝いをはじめました。

けれど正直なところ、全然やりがいはありませんでした。お金のために働いていて、お金が貯まったら海外へ遊びに行く。楽しみといえば、それぐらいでした。

そもそも、子どもが苦手だったんです。幼いときから、家の敷地内に保育園があって。ずっと子どもたちの騒ぐ声が響いていたんです。

身体が弱かったから、よく学校を休んでいたんですけど、寝ることも休むこともできなくて、本当にツラかったです。

ずっと、そんな思いを抱えながら働いていました。

「……このままでいいんだろうか」

自分を見つめなおしていく中で、ふと子どものころのことが蘇ってきました。

寂しくて、泣いている自分。

ずっと、ひとりぼっちでした。親が仕事ばっかりで、寂しい気持ちを誰にも打ち明けられなくて。身体も弱かったから、なかなか思うようにできなくて。

そんな幼いころの自分と、きちんと向き合うことにしたんです。向き合って、寂しかった気持ちを認めてあげる。そうしているうちに、自分の経験から「私は、子どもたちが幸せになるために生まれてきたんだ」って気づいたんです。

気づいてみると、「あら、待てよ」って。

「そうや。うち、保育園してるやん」

いまさらながら、思い至りまして（笑）。25歳のときだったかな、まさに「志」に気づいた瞬間でした。

「よし、保育園で働こう。子どもたちと向き合おう」

決意して、これまでの自分を改めていきました。

すると、不思議なもので、だんだん身体も強くなってきました。さらには、「保育園のあり方」も見えるようになってきたんです。

◆反対運動のまっただなかで

（合田さん）

「新しい特別養護老人ホームをつくるから、手伝ってくれ」

父親から突然、そう言われて。

聞くと、反対運動のまっただなか、ということでした。

さらに父親はとてもワンマンだったので、こっちが少しでも意見を言うと「なに言うとんねん」とケンカになってしまって。

だれも、何も言わなくなっていきました。

結果的に溝が生まれて、姉弟みんなが父親に対して、「勝手にやってるわ」と思うような関係になっていました。どうしようもない確執ができていたんです。

「まあ、こっちに火の粉さえ飛んでこなけりゃええけど」

そう思っていたのですが、やはり火の粉を避けることはできませんでした。

老人ホームが立ち上がって半年後ぐらいに、ご年配の施設長が退職届を持ってきて、「明日付けで退職します」と言って。

それには、さすがの父も焦ったようです。


もちろん、互いの溝は大きく開いたまま。もう関わらない、という選択肢もあったのですが、「ちゃんと向き合おう」と思って、自分の気持ちを正直に伝えました。

「父がいたままではやりにくい。僕が腰を据えてやるから、理事長として全権をゆずってくれないか」

すると、父は意外とすんなり「ええよ」と答えてくれました。

そして僕たちは、自分たちの「真清福祉会」をつくりはじめました。


他人事で考えていても、施設の雰囲気は変わらない。

「自分の大切な人に入ってもらえるような施設じゃないと」

他人事から、自分事へ。

ずっとそう思っていたので、職員みんながそんな風に思ってくれる理念、ビジョンがあればな、という話をしていました。

ちょうど、津波古園長も「バンと掲げられる理念が必要だね」と話をしていた時期だったので、横井塾長との出会いは、導かれたものだったのかもしれません。

◆人をつくって理念・信条をつくる

（合田さん）

祖母のつくった理念とか教育方針は、埃をかぶって、どこかにいってしまって、僕たちももともと、どんな理念があったのか、知りませんでした。


「理念をつくりたいんです」

けれど、塾長は首を横に振りました。

「理念をつくる前に、人をつくろう」

「えっ？」

その発想はありませんでした。

理念をつくっていく人をつくっていく。目からウロコの落ちる思いでした。

そして、僕たちは月に1度、半年間ぐらい、基礎となる「人間力」についての研修を受けさせてもらいました。

肯定思考だったり、ほめ達だったり、うなずきだったり。

自分のいいところを見つけていったり。

基本的なことをちゃんと実践して、そしてくり返していく。研修を受けるにつれて、自分の血となり、肉となっていく感覚がありました。

基礎の研修は、60人ぐらいではじめたと思います。

やがて「理念をつくっていく人」が研修の中で育まれてきて、いよいよ「理念づくり」に取りかかりました。40人ぐらいだったかな。

「どんな保育園がつくりたいかな」

「どんな地域にしていきたいのだろう」

もっと広く「何が楽しいんだろう」とか、反対により具体的に「どんな食事を提供するのがいいのかな」とか。

いろんな質問に対して、みんなで付箋に書いては、大きな紙に貼っていきました。

じつは、僕はずっと「笑顔」という言葉にこだわっていました。でも、きっと僕がどれだけ「笑顔がいい」と言っても、みんなには伝わらなかったと思います。

みんながひとつになって、ボトムアップで考え抜いた理念のほうが絶対にいいんです。

そして、できあがった理念。

「笑顔あふれる真清ファミリーで、みんなとわくわくいきいき輝きます」

みんなが少しずつ携わっているので、思いの詰まった理念になりました。

もし離職しても、この理念どおりに生きていれば、絶対幸せになる、一人ひとりが人間として幸せになる、そんな理念です。

そして、理念を実現するために「ワクワク信条」というものもつくりました。

◆理念、信条が徐々に浸透する

（合田さん）

もちろん、一筋縄ではいきませんでした。

保育園と老人ホームでは、どうしても雰囲気が違っているんです。

元気いっぱいの子どもたちがいる、明るい雰囲気の保育園チームに比べて、老人ホームのほうは、やっぱりちょっと暗かったです。

でも、それも時間の問題でした。研修を受けていくうちに、少しずつ老人ホームのほうも明るくなってきて。つづけるって大切だな、と改めて思いました。

社員同士の関係性、利用者さんとの関係性が、どんどん良くなっている実感があります。

その過程に、無理がないんですよね。

僕たちは塾長に教えてもらったとおり、基本をくり返しつづけているだけなんですから。塾長が体系化してくれているので、感覚に頼って、やみくもに走る必要がないんです。

僕自身も、横井塾長から学んだ「ほめ達」と「うなずき」は、とくに意識をしています。

この効果って、本当にスゴいんです。

もともと、どちらかと言えば目立つタイプだったんですけど、今では覚えてもらえる理由もハッキリしています。

「たくさんほめてくれて、ありがとう」

「スゴくうなずいてくれたよね」

良い印象で覚えてもらえるので、自然とその後の会話も弾んで、楽しい時間を過ごすことができます。

（津波古さん）

お互い、横井塾長のもとで「人間力」を学んできたから、基本的な挨拶とか感謝とか、笑顔とか。そういうことが本当の意味で「自分のもの」になっていたんだと思います。

結果、職員が心を開いてくれる。私もみんなに対して、心を開いていける。

「園長なら、受け止めてもらえる」

そう思ってもらえるようになってきました。

保護者さんがね、保育園で話をしているうちに、涙を流されることがあるんです。

「お母さんもがんばってるんやね」

子どもだけではなく、お母さんにも向き合うことで、「ここの先生はみんな、元気をくれる」って言ってもらえるようになりました。

お母さんのがんばっているところを認めて、ちゃんと伝えていく。

保育園がパワースポットになっているんです。

それはきっとみんなが、塾長から教わった「肯定思考」になっているからだと思います。

私ひとりではなくて、「職員みんなに肯定思考が浸透している」という点が、スゴいんです。

◆素直な心を持ち続けたい

（合田さん）

横井塾長のニックネームって「花咲かいっちゃん」なんですけど、本当にそのとおりだな、って。人脈も、ノウハウも惜しみなく与えてくれるんです。さらに、理念をつくる舞台まで用意してくださって、僕たちの花をどんどん咲かせてもらっています。

僕はよく、「小学生は、人持ち人生の研修をする必要がない」と言うんです。

たしかに小学1年生って、できているんですよね。笑顔とか挨拶とか。

大人になっていくにつれて、たぶんお金とか権威とか、そういう打算的な考えが入ってきて、素直さを失ってしまっている。

子どものようにちょっとしたできごとに感動できる、素直な心を持っていたいです。

僕たちはいつも素直さのかたまり「子どもたち」と接することができて幸せですよね。子どもたちは、本当に素直です。人間の原点と言っていいと思います。

生きていることが楽しいと思っているのですから。

もしかしたら塾長の研修は、そういう子どものころの素直さを取り戻す研修なのかもしれません。ちゃんと体系化されたプログラムで、素直さを取り戻していける。「人として、とても大切なことを教えてくれる研修だな」と日々感じています。

実践事例⑥

「3世代が通ってくれる歯科クリニック」

むらまつ歯科クリニック：村松 崇稔

芦屋の花水木通りに面している「むらまつ歯科クリニック」は、おしゃれなお家のような歯医者さん。その快適さは「ずっとここにいたい」とくつろいでしまうほど。笑顔いっぱいの温もり。

ただそれだけで、充分に「歯の痛み」がやわらいでいくよう。まさに「3世代、家族でずっと通えるクリニック」とみんなから呼ばれる歯医者さん。

塾長は言う。

「村松夫婦はナイスカップル。技術者で誠実な院長、サービス精神旺盛なひかりちゃん。素直で向上心いっぱいのところがお互い、共通してるんやな」

はじめてお会いしたときから、村松院長も、奥さんのひかりさんも笑顔の絶えない素敵な方で、会ったらすぐにファンになる、そんな温かな夫婦だった。

スタッフの皆さんも優しくて、雰囲気もすごく良い。これを「幸せなチーム」と呼ばなければ、どう呼べば良いのだろう。

けれど、村松院長は言う。

「……人間関係には、本当に苦労しました」

にわかには信じられなかった。

苦労、という言葉では足りない。精神的にも身体的にも参った、と言うのだ。

それでは一体、いかにして「むらまつ歯科クリニック」は、患者さんまで幸せにする「幸せなチーム」へと至ったのか。

◆矯正治療に感動

高校生のころに、矯正治療をしたんです。

もともと歯がガタガタで、外見の気になる思春期ということもあって。だから思い切って矯正治療を受けたんです。

結果、かなり綺麗に治りまして。

「……すごい」

それまでは歯医者さんと言えば「削る」ぐらいしかイメージがなかったんですけど、「矯正治療」に、ちょっと感動を覚えたんです。

「こんなことがしてみたい」

そして、歯科医を志すようになりました。

歯学部に入って無事、大学を卒業したんですが、「矯正治療」って、大学院に残らないとなかなか難しい学問で。

そうかと言って、両親に引き続き仕送りをしてもらうのも申しわけなくて。悩んだ末、開業医の先生のもとに就職する、という道を選びました。

大阪の河内長野にある南歯科医院というところだったんですけど、そこの南和延先生が人間力って言うんですかね、非常に素晴らしい先生で、治療も素晴らしくて。

本当に素敵な先生と巡り合うことができました。

矯正治療のことを教えてもらいながら、歯科医としてのスタートを切りました。

歯科医というのは、ちょっとほかの医者と違いまして。基本的に開業する道が一般的なんです。だいたい5年から10年ぐらいの修行期間を経て、開業される先生が多くて。

僕も当然、開業する道を目指していました。

6、7年ぐらいだったと思います。南先生のもとで修業させてもらって、そして開業を決意しました。

ちょうどそのころ、妻と出会ったこともあって。

「やっぱり自分の城を持って、2人でやっていきたい」

無理を言って、彼女には勤めていた会社を辞めてもらいました。すごく環境の良い大企業だったんですけど、当時はそういうことがわからなくて。

「医院の受付をちょっと手伝ってよ」

それぐらい軽く伝えたように思います。そして一緒に開業地を探して、私と妻、それから衛生士の3

人で小さく開業しました。

◆人間関係に悩む日々

開業したら、患者さんがものすごく来てくれて。

今思えば、場所がすごく良かった、ということなんですけど、本当にラッキーで。ちょっと天狗になるぐらいの患者さんに来ていただきました。

けれど。その分、忙しくて。

昼も夜もなく働きつづけて、帰宅時間は深夜に及び、もうへとへとでお風呂に入ることもできず、寝落ちてしまう。そんな生活をずっとつづけていました。

「……このままでは、身体がもたない」

さすがに、「人を採用しよう」と。そうして、僕たちは採用に向けて動きはじめました。


――しかし。

それが、ツラい日々のはじまりだったんです。

この人は良い、と思っていた方が、採用の決まった瞬間から豹変。休憩室で、僕たちに対する悪口を言っていく。

「こんなに忙しいのに、こんな安い給料で働かせて」

僕のほうも僕のほうで、スタッフさんが「おはようございます」と声をかけてくれているのに、開口一番「あ、君はこれができていないから、こうしてね」と指摘を優先してしまう。そういうことをくり返していると、やはり人間関係って悪くなるもので。結果、何人もの人が辞めていきました。

そんな中で出会ったのが、ジェームス・スキナーによる「成功の9ステップ」でした。知り合いに薦められて、セミナーにも参加して。そのうちのひとつ、東京でのセミナーだったと思うんですけど、隣り合った方と話す機会があったんです。その方がいろいろと聞いてくださって、ふしぎと「今、抱えている人間関係の悩み」が口からこぼれていきました。

——実は、その方、「LMP人持ち人生塾」の塾生さんだったんです。

その方からせっかく誘っていただいたので、塾に行ってみました。はじめはLMPって何だろう、横井さんって誰だろう、って思っていたんですけど、みんなと一緒に2時間ぐらい過ごしていくと、心温まると言いますか、明るい気持ちになって。「これ、すごく良いよね」

帰り道、夫婦で盛り上がったのを覚えています。

LMPでの学びは、親からも教わったことのないようなものばかりでした。ほめることの大切さ、人間力の可能性、明るい挨拶がつくる人間関係。そういうひとつひとつが新鮮でした。正直、歯のことばかり学んできたので。

「……なんて素晴らしい考え方なんだろう」

ぜひこのＬＭＰ人持ち人生塾を、院内でも浸透させたい。そして毎月、横井塾長に来ていただくようになりました。

◆院内でＬＭＰ人持ち人生塾の実施

僕が現在、悩んでいることを毎月のテーマに掲げてもらって、たとえば「今月はＬＭＰの中にある〈感謝〉について深掘りしていきましょう」と。

塾長が僕の中にある「感謝の気持ち」を引き出してくれて、それをフォローしながらスタッフに浸透させてくれるんです。

机上よりも体験が多くて、スタッフの話も聞くことができる。

「あ、こういう考えを持っているんだ」

そういう発見があって。自己紹介とか生い立ちを聞くだけでも、お互いの距離が縮まっていくんです。改まって聞く機会ってなかったですから。

ただ、最初のころは、全員出席ではありませんでした。

受けたい人だけ受けてもらえば良い、というスタンスで。どうしてもＬＭＰに共感できない、否定的な人もいて。塾長も「それで良い」と言ってくれました。

「やりたい、という人だけ来てもらったらええ。合わない人は自然と辞めていくから」

「……そうですか」

果たして、塾長の言うとおりでした。

波長の合わない人は喧嘩別れではなく、自然と「辞めさせてください」と申し出るようになってきたんです。やがて否定的な考えを持つ人自体が少なくなってきて。

そして、新しく採用するときも「こういうことをしているから参加してくださいね」と伝えて、LMPへの参加を採用の条件にしたんです。

そのうち、ほぼ全員がLMPの研修を受ける、という体制が整ってきました。

横井塾長はそのときを待っていたんだと思います。

「院長、理念ある？」

ある日、そう尋ねられて。

「いえ、ないです。何ですか、理念って」

「何のために、むらまつ歯科クリニックをしているのか。その〈何のために〉の部分が〈理念〉や。つくろう、理念を」

「……はい」

言われるがままに、「じゃあ、つくってみるか」と。

まず行なったのが、「患者様の喜び」を付箋に書いて、模造紙へペタペタ貼っていくことでした。「どういうことが喜ばれるのだろう」を思いつく限り書いていって。

僕ひとりではなくて、スタッフと一緒に「あでもない、こうでもない」とか言いながら、やがて「むらまつ歯科クリニック」の理念をつくりあげました。

笑顔と愛情を磨き続け、患者様に健康な歯で輝く人生を送って頂くことが私たちの喜びです。

「理念ができました」
「よし。じゃあ、つぎはクレドやな」
「……クレド？」
「信条のことや。日々実践して良い習慣をつくっていくんやで」
「……はい」

◆子どものおかげで一皮むける

業績はずっと右肩上がり。順調に大きくなっていて、人も増えましてして。

でも、どこかに「自分のチカラで大きくしてきたんだ」という奢りみたいなものが常にあったんです。

僕と妻が頑張っているから、ここまで大きくなったんだ、って。

ただ、その反面、「いつか自分たちのチカラが及ばないときが来るかもしれない」、「取り返しがつかないほど崩れてしまうのではないか」という恐怖みたいなものもありました。

そんな中、子どもができたんです。

正直なところ、仕事が忙しくて子育てなんてできるわけがない、と思っていて。でも「子ども、やっぱりいたほうが良いな」と思うようになってきて。

子どもが生まれたことで、一皮剥けたと思います。

人の気持ちとか、子どもを持つ親の気持ちとか、そういうことがわかったり。スタッフのことも「自分たちの子ども」と思えるようになっていきました。

以前と比べると、スタッフとの関係性も良くなってきて。

今までは「院長、結婚します」と告げられたとき、「ああ、おめでとう」と口では言っているんだけど、「あ、この人はぜんぜん喜んでないな」と思われていたようで。

子どもができて、「良かったな。おめでとう」と心から言えるようになりました。

◆歯科医退職のピンチがチャンスの芽に

――ところが、ピンチは突然やってきたんです。

抱えていた4人の歯科医のうち、2名が急きょ、開業や結婚に伴う転勤などで退職することになりました。4人で何とかまわしていたので、2人の抜けるダメージは大きい。

売り上げにも響く上に、患者様が流れてしまう可能性だってある。

「……どうしよう」

歯科医を募集しても、誰も来てくれません。本当に、どうすれば良いのだろう。

「このままじゃ……」

考えた末、僕は腹をくくりました。もう正直に、スタッフに相談することにしたんです。

それは僕にとっては、絶対あり得なかった、今までスタッフに弱みを見せたことさえなかったので。

――でも、今のみんなとなら、分かち合うことができる。

「……今、大ピンチなんだ」

隠しても仕方ありません。

「もしかしたら、売り上げが下がるかもしれない。ボーナスも出せないかもしれない。忙しくなると思うけど、何とかここを踏ん張りたい。手伝ってもらえないかな」


そして、２人の歯科医が退職。

予想どおり、目まぐるしい日々がはじまりました。

ちょうどその時、ある女性の歯科医が、「むらまつ歯科クリニックで治療してほしい」と来られて。

もう本当に困り切っていたので、声をかけさせてもらったんです。

「急にこんなことを言って申しわけないんだけど、もし良かったら来てくれませんか」

「良いですよ、ちょうど転職を考えていたので」

「えっ？」

渡りに船、とはまさにこのこと。

「ありがとうございます」

そうして2人だった歯科医が、3人に増えました。

さらに衛生士、スタッフのみんながものすごく頑張ってくれたんです。

あまり患者さんを任されたことのなかったスタッフが、先生の代わりにできる限り対応しなければならない。患者さんはどんどん来られる。しかも時間は限られている。

ただ、「丁寧」は絶対に守らなければならない。

——その結果。

月々の売り上げ目標を立てているんですけど、歯科医2名体制になった、初月から目標が達成できて。スタッフに負担のかかる忙しさの中で、さすがに驚きました。

その後も、2か月目、3か月目と、毎月目標を達成していくんです。

結果、ふたを開けてみたら、もう12か月間すべて目標を達成していまして。前年度の売り上げさえ上まわっていて。驚きのあまり、しばらく言葉が出ませんでした。

「……スタッフのチカラって、こんなにもすごいんだ」

改めて、教えてもらいまして。

そして独りよがりで「自分が引っ張っているんだ」と思っていた奢りを恥ずかしく感じました。自分はなんて馬鹿だったんだろう、って。

一人ひとりがチカラを持っていて、その一人ひとりがチカラを合わせたら、とんでもないことができるんだ、と思い知らされました。

やっと「チームとして動いていく大切さ」を体感することができたんです。

◆医院理念、クレドの価値に気づく

ＬＭＰと同じ時期ぐらいから、衛生士の教育をしてくれる上間《じょうかん》京子先生にも来ていただいていまして。上間先生も人間力をとても大切にされる方で「知識だけじゃダメですよ」って。

「技術と知識と人間力をあわせ持たないと」

そう教わっていた中で、あるとき。

「先生はどういった診療がしたいんですか？」

上間先生から尋ねられて。

いろいろ悩んでいた時期でもあったので。

「……えっと」

すぐには答えられませんでした。僕はどういう診療がしたいのだろう。やりたい治療は何だろう。むらまつ歯科クリニックはどこへ向かっていくのだろう。

自問しながら、どんどん深掘りしていきました。

――けれど。

「あれ？」

ふと気づいたんです。ちょっと待てよ、と。

「……それって医院理念じゃん。もうつくってあるじゃん」

子どもが生まれて、子育てをして、ピンチを脱して。いろいろ苦しんで、何がしたいんだろう、僕は何のために歯科医になったんだろう。そう問い続けて。

それが一気につながったんです。パッと視界がひらけて、自分たちでつくった医院理念が腑に落ちていったんです。

ただ書いてあるだけだったものに、「魂」と言いますか、「芯」みたいなものが入りました。

「この医院理念に従って、どういう風に行動すれば良いのだろう」

その問いに対する答えも、僕たちはもうすでにつくっていたんです。

「……クレドに書いてあるじゃん」

これまでわけもわからずつくってきたものが、パズルのピースみたいにパチパチ当てはまっていって。点だったものが、線でつながっていく。線がやがて面になっていく。

そういう感覚があって、自分のやりたいことがはっきりとわかったんです。

結果、むらまつ歯科クリニックのこれからの方向性を、スタッフに伝えられるようになりました。

毎年、来期の目標をスタッフに伝えるんですけど。

「院長は毎年、言うことが変わる」

「何がしたいのかよくわかりません」

そう言われ続けてきたのが、医院理念に基づいたり、クレドに基づいたりすることで、共有できるようになったんです。

「ようやく院長のやりたいことがわかりました」

各人いろんな方向を向いていたベクトルが、ひとつに定まって。

みんな同じ方向を向いているから、より一層、スタッフのチカラを認めて、ほめて、やりたいことをさせてあげられるようになっていきました。

すると、組織ってまたさらに良くなるんです。

一致団結して、また業績も上がっていく。今はそういうスパイラルに入っています。

ＬＭＰ人持ち人生塾って、幸せな人持ちを表彰するアワードを開催していて。「幸せなチームづくり大賞」をいただいたんです。

壇上に立ったときに、これまでのつらかったこと、苦しかったこと。そして頑張ってくれたスタッフ、妻、塾長のことがどんどん蘇ってきて、涙が止まらなくなりました。

塾長、よく見てきてくださったなって。

「……ＬＭＰをやってきて良かった」

横井塾長はいつも困ったときに、うまく導いてくださって、親以上にいろいろと心配してくださって、毎月楽しく食事をして。

ずっと支えてくださった恩師なので、本当に感謝しています。

第5章 志の道標

LMP体系

LMP体系を学ぶ

空になったグラスの中、氷がカランと鳴って、我に返りました。

いつの間にか、僕は取材であることを忘れていたようです。塾長からの学びを、今の自分に当てはめて、「これからの人生に生かそう」とそればかり考えていました。

ふと資料に目を落として、ハッとします。

無意識のうちに、「ＬＭＰ」と「人持ち人生」の文字を何度も何度も、書きなぐるように丸で囲んでいました。

そう、塾長の半生をひも解いていく中で、僕は「ＬＭＰをもっと自分のものにしたい」と思うようになっていたのです。

横井塾長はリーダーとして「生きるか死ぬか」の壁をのりこえ、その体験、学びをまるごと投じて、コンテンツを再構築。

以来、数々のリーダーを支え、「人持ち」な企業へと導いてきた、実践型のライフ・マネジメント・プログラム。

取材を行なっていく中で、多くのリーダーが「もっとも重要な人間としての〈基本〉ができあがる」とＬＭＰの有意性を語り、僕も「これだ！」と確信するようになっていました。

取材に伺ったときの経営者の表情、そこで働く社員さんの表情を見れば、言葉は必要ありません。皆さんの弾けるような笑顔がすべてを物語っていました。

ＬＭＰは、難しい学びではありません。

ただ、時代に便乗した、キャッチーなものでもありません。むしろ愚直かもしれない。基本とは、いつだってそういうもの。ふわふわしていない。地に足がついている。

本当の「学び」とは、こういうことを言うのではないか、と思うのです。

「だからこそ、このＬＭＰを自分のものにしたい」

そう伝えると、塾長は「よっしゃ」と膝を叩き、座りなおしてくれました。

――ここから、僕は「志のチカラ」を体感していくことになります。

「ええか。ともちゃんは、経営者なんやで」

「えっ？」

いきなりの言葉に戸惑いました。

僕は、経営者ではありません。

「いや、そういうことやなくて」と塾長は察して笑い、

「人間はみんな、自分の人生の経営者なんや。ＬＭＰ〈ライフ・マネジメント・プログラム〉も言い換えたら、〈自分の人生を経営するプログラム〉という意味やからな」

「自分の人生を経営していく」

「そうや。で、〈経営〉ってどういうことやろう？」

「経営の意味ですか？」

えっと、と頭を捻りましたが、わかりません。

「経営っていうのはな、今ある資源を生かして、人を喜ばせるという目的、目標を達成していくことなんや」

「……今ある資源？」

「ともちゃん、という資源や。資源は強みっていう意味でもあるな。その唯一無二、〈自分自身〉という資源を最大限生かして、目的、目標を達成していく」

もっと言えば、と塾長は続けます。

「〈自分〉という資源を最大限生かせたら、目的・目標は間違いなく達成できる。その点、企業も同じやな。企業が持っている資源を最大限生かすこと」

「じゃあ、どうすれば……」

「そう。どうすれば、〈自分〉という資源、強みを最大限生かすことができるのか。それこそが〈LMP〉なんやな」

早く知りたい、と思いました。

「ただ、LMPっていうのは考え方だけやない。行動があってこそ。ちゃんと実践に落とし込めるようにプログラムを組んであるから、実践していくことやな」

「わかりました」

たとえ学んだとしても、行なわなければ、学んだとは言えない。

――知行合一《ちぎょうごういつ》。僕の座右の銘です。

塾長はＬＭＰにより磨きをかけるため、自身も積極的に学んでいきました。

仏教や神道の精神、日本の古典。さらには中国古典、アメリカのニューソートに至るまで。多岐にわたる学びと実践の中で、塾長は「ある共通性」を見出しました。

その共通性こそ、「サムシング・グレート」

――「人間には、無限の素晴らしい能力がある」ということ。

「人間は生まれながらにして、サムシング・グレート。つまり、何か偉大なもの。宇宙の叡智って言い換えてもいいかもしれんけど。それをいただいているんやな」

たとえば種な、と塾長は言いました。

「……種ですか？」

「そう。あの小さな種の中にはもうすでに、立派な大木に育つための仕組みが全部入ってるんやね。もっと言えば、育っていく環境だって与えられているんや」

なるほど、と思いました。

「人間も同じこと。目的、目標を達成する仕組み、幸せな人生を送る仕組みがあらかじめ、全部入ってるねん。それが〈サムシング・グレート〉や」

塾長の言葉を受けて、僕は自分の手のひらを見つめました。

「……僕の中にもうすでに、〈目的、目標を達成する仕組み〉、〈幸せな人生を送る仕組み〉が全部入っている」

「そう。全員に入ってる。そして、その仕組みに従っていけば良い。サムシング・グレートと一体化する感覚って言えばええんかな」

「……偉大なものに抱かれて、導かれていくような」

「そういうイメージやな。で、サムシン・ググレートと一体化するには、自分の人間力を磨くこと。もうほとんど、これが唯一の方法と言って良いと思うわ」

「自分の人間力を磨く」

「そうすれば、自然と〈目標を達成する仕組み〉、〈幸せな人生を送る仕組み〉がうまく働きはじめてくれるんやな」

人間にはあらかじめ目標を達成する仕組みが入っていて、その仕組みが働くには、人間力を磨くことが必要。僕はノートに記しました。

「そして、〈人間力っていうのは、習慣によってつくられる〉んや。良い習慣を身につけていけば、人間力が磨かれていく」

「……ＬＭＰは〈良い習慣づくり〉から」

そのとおり、と塾長はにっこり笑いました。

ひとくちに「習慣」と言っても、「思考習慣」と「行動習慣」、「人間関係習慣」の３つがある、と塾長は言います。

「この３つをぜんぶ、〈幸せな人持ち人生〉というレールにのせたらええだけなんや」

「……レールですか」

「つまりやな、思考習慣なら〈肯定思考習慣の定着〉、行動習慣なら〈目標中心の行動習慣〉、人間関係習慣なら〈協力的な人間関係習慣〉へと向かっていったらええんやな」

「はい」

「その３つすべての〈習慣〉を、ＬＭＰでは実践しやすいように〈10の基本習慣〉としてまとめているわけやな」

「……はい」

ともちゃん、と塾長は笑いました。

「〈習慣づくり〉はしんどくて、面倒なものと思ってない？」

「あ、いや」

図星でした。

「とんでもない。こんな楽しいものはないんやで。いわば、ともちゃんの内なる宝ものを掘り起こすツルハシみたいなもんや。ともちゃんの能力が開いていくんやから」

なるほど。

たしか、論語にも「楽しむ人には、勝てない」と書いてあったような。

僕は大きくうなずきました。

「よし。ちょっと切り口を変えてみよか。〈幸せな人生を送る仕組み〉って言ったとおり、みんなやっぱり幸せになりたいやんか」

「なりたいです」

「まあ、いろんなカタチの幸せがあると思うけど。でも、幸せに必要な要素って、やっぱり人間関係やんか。〈何をやるか、よりも、誰とやるか〉というぐらい」

「本当にそう思います」

つまり、と塾長は言いました。

「幸せっていうのは、人に恵まれた〈人持ち人生〉を送ることやねん」

僕は大きくうなずきました。

「で、意外と知られてへんねんけど、人に恵まれるには、ちゃんと法則があるわけ」

「法則ですか?」

「そう。〈引き寄せ〉っていう人もおるけど。人ってふしぎと自分に似た思考、似た方向性の人たちが集まるようになってる、そういう法則があるんやな」

だから「今の自分」を知るには、「今の自分のまわり」を見れば良い。

塾長はそう言います。

「自分の人間力を磨いたら、自然とそういう人たちが集まってくる。人に恵まれていくわけやねんな」

じゃあ、と塾長は居住まいを正しました。

「いよいよ、ＬＭＰの体系を伝えていこか」

「よろしくお願いします」

「まずは、全体の仕組みを言うとくわな。いわゆる、ＬＭＰ体系やな」

「……ＬＭＰ体系、難しそうですね」

「いや、ぜんぜん難しくない」

塾長は、首を振りました。

「この体系は、僕がこれまでの学びを、トータルシステムとしてまとめたもの。自己啓発的な学びをしてきた人は、この体系の中に、今まで学んだことがすべて入ってるんと違うかな」

「そうなんですか」

そして、塾長は図を出しました。

「さっきも言うたように、我々はみんな、先祖とかサムシング・グレートからいろんな資源を与えられてる。それを生かして、幸せな人持ち人生へと至ることが、人生のゴールやな」

「はい」

「そのために、人間力のあるリーダーになっていくこと。これが、このＬＭＰ体系の大きな説明やな。よし、じゃあ〈10の基本習慣〉に入っていこう」

「お願いします」

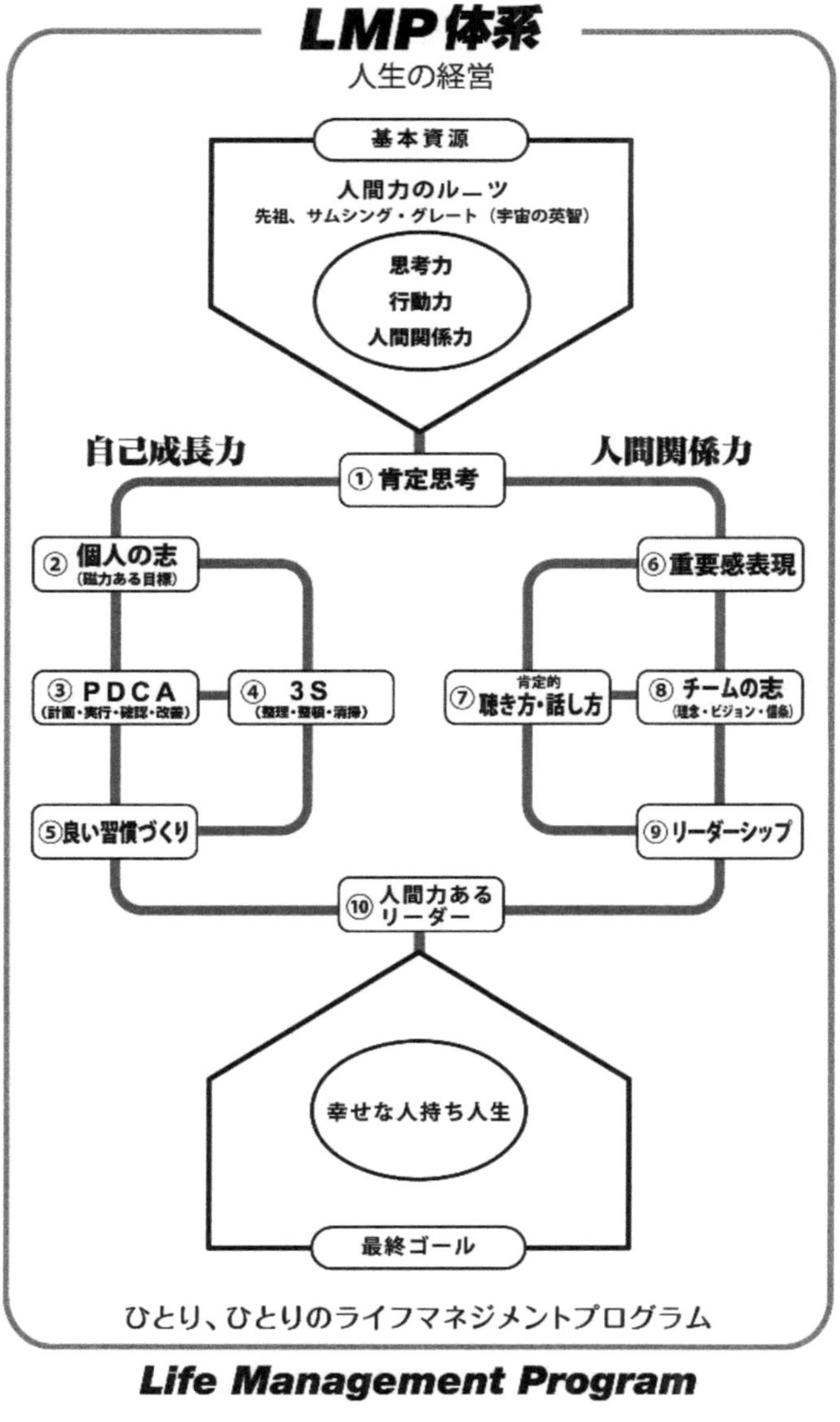
LMP体系
人生の経営
基本資源
人間力のルーツ
先祖、サムシング・グレート（宇宙の英智）
思考力
行動力
人間関係力
自己成長力
人間関係力
① 肯定思考
② 個人の志（磁力ある目標）
③ PDCA（計画・実行・確認・改善）
④ 3S（整理・整頓・清掃）
⑤良い習慣づくり
⑥重要感表現
⑦ 肯定的 聴き方・話し方
⑧ チームの志（理念・ビジョン・信条）
⑨リーダーシップ
⑩ 人間力あるリーダー
幸せな人持ち人生
最終ゴール
ひとり、ひとりのライフマネジメントプログラム
Life Management Program

ステップ1

「肯定思考」

「人間力って、そもそも大きく〈自己成長力〉と〈人間関係力〉に分けられるんやけど、まずはそのどちらにも当てはまる、根っこの部分から」

「根っこの部分」

「そう。何よりも〈肯定思考〉やな。自分はもうすでに〈目標を達成する仕組み〉、〈幸せな人生を送る仕組み〉サムシング・グレートを持っている、と認めること」

「わかりました」

「さっきの〈引き寄せ〉とも通じるんやけど、肯定思考には肯定的な出来事が集まってくるし、肯定的な人たちも集まってくる」

自然と「ＬＭＰ人持ち人生塾」の仲間たちが浮かんできました。

「肯定的な言葉、肯定的な態度、肯定的なイメージ。この3つを日々意識して、自分のものにすること。言葉も態度もイメージも結局、ブーメランみたいに自分に返ってくるからな」

「返ってくる？」

「人に投げかけた言葉でも、いちばん近いところで聞いているのは自分自身やろ。自分から発せられたものすべて、もっとも影響を受けるのは自分自身やねん」

「……なるほど」

「だからどんなときも肯定思考でいること。落ち込むことがあっても、肯定思考をくり返していくことやな」

そう言えば、と思い出したことがあります。

楽しいから笑うのではなく、笑うから楽しくなっていく。塾長が行なうワークの中に、１分間笑い続ける、というものがあって、事実、ふしぎと楽しくなっていきました。

「どんなときも、とにかく肯定的な言葉を言ってみる。そうすれば、肯定的な思考と現実があとからついてくるんやな」

それでな、と塾長はつづけました。

「今の自分が肯定思考になっているかどうか。見分ける、確かめる方法があるねん」

「そうなんですか」

「そう。それは〈感謝〉しているかどうか。〈今〉に感謝していたら、もう肯定思考になっている証拠。否定的な考えやったら、いつまで経っても感謝できへんやろ」

「……たしかにそうですね」

「周囲の人々やものに対して、〈ありがとうございます〉と感謝すること。試練のとき、僕が何よりまず実践したことが、この〈感謝する〉の徹底やったな」

たしかに、塾長は試練のとき、1日1万回、「ありがとうございます」と言いつづけ、好転させていきました。


「もうひとつ、〈ピンチはチャンスの芽〉やな」

「……芽、ですか？」

「そう。つまり、育てる必要がある、ということやな。ピンチとか嫌なことが起こったときにも、天からのアドバイスと前向きに受け止めて、チャンスへと育てていく」

だから「ピンチはチャンス」ではなく、「ピンチはチャンスの芽」なのだ、と塾長は言います。

ステップ2 「個人の志（磁力ある目標）」

「そして〈志〉を設定する。自分の志は何か、と問いかける」

「……自分の志」

「志を立てた瞬間から、人生の捉え方が変わる。世界の見え方が変わるんや。志を立てるから、自分の進むべき道が見えてくる」

志のあるリーダーたちは皆、自分の進むべき道が見えていて、熱意がありました。

「チカラが湧いてくるから〈志〉を立てるんやない。〈志〉を立てるからチカラが湧いてくるんやな。だから何度、書きなおしてもええ。とにかく設定してみることや」

「わかりました」

「志を立てるのは、いつでも〈今〉が最善なんや。そして志を立てたなら、そこには老いも若いもない。等しく道が開けていく」

「はい」

「ポイントは、自分の強みを生かせているか。そして自分だけではなく、周囲の人たちにも喜んでもらえるものになっているか。〈磁力〉言うてもええかもしれへん」

「磁力、ですか？」

「そう。まわりを引きつけるような、磁力のある目標や」

自分の「志」に、まわりの人たちが共感してくれて、まるで磁石のように引き寄せられていく。

そんなイメージが頭に浮かびました。

「その志に〈わくわく〉できて、さらに、達成の〈イメージ〉もありありと浮かんだら、最強やな」

ステップ3

「PDCA（計画・実行・確認・改善）」

「志が立ったなら、もうその瞬間から〈失敗〉というものはなくなる」

「失敗がなくなる？」

「そう。失敗ではなく、達成への〈糧〉になるんやな」

「……たしかに」

「達成への〈糧〉とするために、〈PDCA〉をくり返していくこと。すなわち、計画・実行・確認・改善やな。このPDCAのサイクルに入ったら、ほんまに失敗はなくなるわ」

失敗がなくなる。それはつまり、達成しかあり得ない、ということ。

「挑戦・失敗・反省・勇気、と言い換えてもええかもしれへんな。すべてが〈挑戦〉につながっていくわけや。このPDCAのポイントは、〈重続する〉ということ」

「重続、ですか？」

聞き慣れない言葉でした。

「そうや。単に継続するだけやない。改善しながら、継続していくこと。これが〈重続する〉ということ」

「はい」

「一貫した目標を維持しながら、まずは年間計画をつくる。そこから月単位、週単位、日単位へ。だんだん実践レベルに落とし込んでいくわけやな」

そうすることで、ＰＤＣＡの質が上がるどころか、「達成イメージ」もより具体化していく、と塾長は語ります。

「それにな、〈人と比較することがなくなっていく〉わな。比較対象が、過去の自分になっていくんやな。去年の自分よりも、今年の自分。まさに自己成長になるわけや」

「……でも、ときには計画どおりに行かなかったりとか」

「だから確認と改善があるんやな。やりっ放しではなくて省みること。ノートを用いたり、紙に書き出したりしたら、より把握しやすくなるで」

ステップ４　「３Ｓ（整理・整頓・清掃）」

「ともちゃん、ついてきてるか？」

「……はい、何とか」

「どんどん行くで」

塾長の瞳が、少年のように輝いていました。

人の成長をサポートすること。本当にそれが、楽しくて楽しくて仕方がない、その様子が全身から伝わってきます。

「つぎは〈3S（整理・整頓・清掃）〉やな」

「……3S」

ぎくっ、としました。僕がもっとも苦手とするものです。

「取り引き先の下駄箱を見ればいい。整理されているかどうかで、その会社の信用状態がすぐにわかるから」

これは塾長の父親が、塾長に語った言葉です。

一事が万事。付け焼刃ではどうにもならない「整理整頓」を見れば、その経営者の本質、会社の本質が見えてくる、という教えでした。

「それにな、整理、整頓、清掃は、頭の中と比例するからな」

「頭の中ですか？」

「そう。片付いていたら、頭もスッキリしてパフォーマンスが向上する。反対に散らかっていたら、頭の中もごちゃごちゃになってると思ったらええな」

塾長の言葉が突き刺さります。

「仕事でもっとも無為な時間は、〈ものを探している時間〉やからな。だから書類もちゃんとファイリングして、道具も整理すること」

「わかりました」

「苦手な人は、まず〈３Ｓに、時間を割くこと〉やな」

３Ｓに、時間を割く。心の中で数回、唱えました。

ステップ5 「良い習慣づくり」

習慣が人生をつくっていく、と塾長は何度も語ってきました。

「小さな習慣の積み重ねが、やがて大きく花を咲かせるわけやな」

「……重続、していくこと」

「そのとおり。〈当たり前のことを、当たり前でないぐらい心を込めてやる〉こと。それこそ、本物の〈良い習慣をつくる〉ということなんやな」

たしかに「思い立ったあのときから、ずっと続けていれば、今ごろはきっと……」と思うことが多々あります。

「どんな成功者もある日突然、ドカンと成功することなんてあり得へんわな。それまで少しずつ積み重ねてきたものがあったから、成功できたわけや」

「そう思います」

「華やかなところばかり見がちやけれど、じつはそこには、隠れるように〈良い習慣〉が伴ってるんやな」

僕は大きくうなずきました。

「だから、これまでのステップを習慣化すること。〈PDCA〉とか〈3S〉は毎日やらなくても良い。たとえば週末を利用したり、早朝の活用もオススメやな」

「……早朝」

人持ち人生塾の塾生たちは、口を揃えて言います。「横井塾長は、超朝型の人間だ」と。

ステップ6 「重要感表現」

「さて、ここまでが〈自己成長力〉に必要なステップやってんけど。これだけではどうしても限界があるんやな。幸せな人持ち人生を送るには、〈人間関係力〉も大切にせんと」

「はい」

「もちろん、肯定思考がベースやで。そのうえで〈人の本質を認める〉こと。人はみな、サムシング・グレートの子やからな。そして、それを伝える」

「……伝える」

「そう。伝えんと伝わらんからな」

伝えないと、伝わらない。

思っているだけではなく、相手にちゃんと伝えること。

「ポイントは、〈明るいあいさつ〉と〈聞き上手〉のふたつ。まずあいさつは、自分からすることな。あいさつは言わば、相手の存在を認めることやから」

「あいさつにそんな意味があるなんて、考えたこともなかったです」

なるほど、と思いました。

「それから、〈聞き上手〉。これはビリーとタイアップしたことで、僕自身もかなり気づかせてもらったわ」

塾長の言う「ビリー」とは、聞き方の達人、山下ビリーさんのこと。

「話半分に聞いたり、途中で話をさえぎったり。知らんあいだにそういうことをしているからな。それでは、相手の本質を認めることにならへん」

ビリーさんから教えてもらったことがあります。

話を聞く、ということはそれだけで相手に喜ばれること。また、話を聞いているかどうか、それは自分が決めることではなく、話している相手が決めることである、と。

聞いたつもりになっていても、相手が「話を聞いてもらっていない」と思えば、それは「聞いていない」のです。

聞いてあげる、ではなく、聞かせていただく、という姿勢。

「実際、会いに行って、話を聞かせてもらって、喜ばせる。この3つが、相手の本質を認める極意やわ。だから塾でも〈会う・聴く・喜ばせる〉の重要性を伝えているんやな」

ステップ7 「肯定的話し方」

「まずは、肯定語を使うこと。感謝、希望、勇気に充ちた言葉やな。反対に、否定語は避けること。グチ、悪口、不平とかな」

「はい」

「それから相手の価値を見つけて、温かい言葉とともにその価値を伝えること。いわゆる〈ほめ達〉やな。〈ほめ達〉のことは?」

「何となくですが……」

ほめ達とは、ほめる達人のことです。

相手の良いところを見つけて、どんどんほめる。ひたすらほめまくる。塾長との打ち合わせが終わると、「よし。〈ほめ達〉をやろう」と塾長が提案。恒例行事になっています。

ひとり、およそ1分間。相手の良いところをどんどんほめていきます。

はじめは「人をほめまくるなんて、やったことないからなあ」とちょっと恥ずかしかったのですが、相手と向かい合い、「ほめ達」をしていくと、ふしぎと言葉が出てくるんです。

そして、この「ほめ達」による「人間関係力」の向上は目覚ましいものがある、と塾長は言います。

仕事だけではなく、家庭、育児においても、変化が起こります。

「外見をほめても良いし、内面をほめても良い。ほめ達をすることで、〈人間観〉が変わったな」

ステップ８　「チームの志（経営理念・ビジョン・信条）」

「前の〈重要感表現〉と〈ほめ達〉で、人間関係を構築しながら、チームワークもつくっていく。とくにリーダーは、チームを導いていく必要があるからな」

「はい」

「そして、そのチームワークを強くするのが、〈チームとしての志〉、つまり経営理念・ビジョン・信条を明確にすることやねん」

経営理念・ビジョン・信条をつくる。

これまでの取材で、それがＬＭＰの核心である、と確信していました。

さらには、「経営理念・ビジョン・信条がいかに大切か」も、経営者の方々の取材を通して、強く感じていました。

「理念がなかったら、チームはどこに向かったらええのかわからへん。もちろん理念があったとしても、そこに熱意が入っていなかったら、単なる飾りにしかならへんわな」

「はい」

「それからビジョンな。４つの項目からビジョンをつくっていく」

「４つ、ですか？」

「オンリーワンづくり。ファンづくり。幸せなチームづくり。それから成果数字。成果数字っていうのは、お金のことやな」

「お金は、最後なんですね」

「そう。一般的には〈お金〉が、一番に来るけど、継続的に成果を上げていくには、先の３つ、オンリーワンづくり、ファンづくり、幸せなチームづくりの質を高めること」

松下幸之助さんも「お金は、見て見ぬふりするぐらいでちょうど良い」と言っていたようです。

「この４つの項目に対して、明確な目標を設定していく。これがビジョンになるわけや」

「はい」

「さらに信条〈クレド〉で、肯定思考習慣、目標中心の行動習慣、協力的な人間関係習慣を強化していくんやな」

どれひとつ欠けていてもいけない。

すべてが関わり合っているからこそ、相乗効果が生まれていく、と塾長は語ります。

ステップ9「リーダーシップ」

「次が、〈リーダーシップ〉やな」

「もっと前に出てくるのかと思っていました」

「いや、〈聞き上手〉、〈ほめ達〉があって、さらに〈志〉もあって、はじめてリーダーシップが発揮されるわけや。それらのないリーダーシップは、まわりがついてこない」

たしかにそうだ、と思いました。

「何よりも、〈熱意〉やな。熱意を持って、率先して行動していく。松下さんもリーダーの最大条件は〈熱意や〉と言っている」

「はい」

「そして、〈準備〉や。ＰＤＣＡをはじめるにあたっての準備やな。リーダーはメンバー以上、せめて倍ぐらいは、早めにくり返し〈準備〉することが大切や」

「……熱意と、準備」

「あと、あれもあるわ。〈報・連・相〉な」

「報告・連絡・相談、ですか？」

「そう。信頼して任せて、そしてこちらから、報告・連絡・相談を持ちかけてサポートすること。特に相談が大切や」

「相談、ですか？」

「報告、連絡と違って、相談はコミュニケーションに近い。加えて、これから起こってくる未来のことやからな。相互にアイデアを出しやすい」

「たしかに」

「〈報・連・相〉ができているところは、リーダーとの温度差がほとんどないな」

ステップ10

「人間力あるリーダー」

「これらを踏まえた結果、良き仲間に囲まれ、〈人間力あるリーダー〉になる。以上が、ＬＭＰの基本体系や。〈ＬＭＰ10の基本習慣〉とも呼んでるやつやな」

「ありがとうございます」

難しいことはひとつもありませんでした。

むしろ、易しいものばかり。ただ、「継続すること」が難しいだけで。そう、なかなかつづかないのです。

頭ではわかっていても、なかなかつづかない。

「……どうすればいいのだろう」

腕を組んで、うんうんと考えていると、ふいにひらめきました。

「あっ。……だから、ＬＭＰの塾があるのか」

良い仲間たちと一緒につづけていける環境が整っている。

それが、ＬＭＰの魅力ではないか、と思いました。

「ともちゃん。最後に、人持ち人生の秘訣を伝えておこう」

「ぜひ教えてください」

「それはな、〈約束を守ること〉や」

「約束を？」

まさか、小学生でも知っているようなことが秘訣とは。

「あなどったらあかん。リーダーにとって、約束はとても大切なもの。約束ひとつで、信頼をつくったり、反対に信頼を失ったりする。〈約束を守ること〉やで」

「わ、わかりました」

「他人との約束だけではなく、自分との約束が守れたら、人生は思いどおりや」

「はい」

塾長はゆっくりとうなずいて、これでひと息ついた、という風に優しく微笑み、背もたれに身体をあずけました。


「いま、伝えたのがLMPの基本やな。もちろん、ぜんぶをいきなりする必要はないで。むしろ得意なものひとつに、とことんチャレンジできればええ」

「そうなんですか」

「ひとつを徹底したら、ほかに波及していくからな。ただ〈肯定思考〉はベースやから、押さえてほしいところやな」

「わかりました」

よし、やるぞ。

僕は胸のうちで、決意していました。

第6章

恋の深化とたかぶり

LMP再興期

1 人持ち人生塾の良き仲間たち

良い仲間たちと一緒につづけていける環境が整っている。

――それこそ、ＬＭＰ「人持ち人生塾」最大の特徴である。


塾長に誘ってもらい、後日、僕は「人持ち人生塾」の例会にお邪魔しました。

じつは、はじめての参加ではありません。

現在、ご縁があって岡山県の真庭市に住んでいる僕ですが、もともとは大阪府高槻市の出身。

塾長に声をかけてもらい、例会に欠かさず通っていました。

ただ、あの頃はまだ20代半ばで、右も左も、社会のこともわからないまま、「面白いリーダーがいっぱいいいるなあ、楽しいなあ」ぐらいしか感じられていませんでした。

「……今ならきっと、学びを自分のものにできるはずだ」

決意と、少しの緊張感を抱えて、例会へ向かいました。

事前に塾長から「人持ち人生塾」のコンセプトについて、

「基本コンセプトは、〈志のあるリーダーを相互サポートする〉ことやねん。それから実際に〈会う・聴く・喜ばせる〉を実践する場でもあるわけやな」

そう聞いていました。

そして、おそるおそる会場へ入ると。

わいわいと賑わっていました。30人ぐらいかな。あちこちで談笑したり、名刺交換をしていたり。

年齢もさまざま。スーツの方もいれば、私服の方もいて。

「おおい、ともちゃん。こっちこっち」

そう声をかけてくれたのは、角谷さん。

がっちりと握手をすると、まわりにいた方々が僕を迎え入れてくれました。「はじめまして」と「お久しぶりです」が入り交じって、僕は、「そうだった」と思い出しました。

「そうだ、この温かさだ」

20代半ば、何もわからなかったのに、楽しかったのは、この温かさがあったから。抱えていた緊張感は、もうありませんでした。

やがて「ＬＭＰ人持ち人生塾」例会がはじまりました。

まず僕たちは、５人組みになりました。そしてコミュニケーションルールに沿って、自己紹介を行ないます。

コミュニケーションルールとは、笑顔・あいさつ・聞き上手・ほめ達・肯定的話し方の５つ。

どれも「10の基本習慣」に該当するものです。

それが終わる頃には、５人組みは、和気あいあい。まるで仲の良い「ひとつのチーム」のようになっていました。

その後で、「志相互サポート」として、理念・ビジョンを互いに磨き合います。はじめて参加した人には、「今の仕事の喜びについて」を話してもらい、理念・ビジョンを設定するきっかけづくりを行ないます。

時間が進むに従って、それぞれの参加者の「想い」を知ることができて、「人間関係」の深さが増していくようでした。

人間関係力がさらに磨かれる「再会ミーティング」もポイント。

塾だけの関わりではなく、後日、塾の外でも「会う・聴く・喜ばせる」ことで、より実践へ落とし込み、習慣化していくことができるのです。

「これはさすがに実際、体験せえへんとわからへんやろ」

塾長の言うとおり、僕もそう思うのですが、何とかこの本の中で、「どうすれば、ＬＭＰ10の基本習慣が深化できるのか」を伝えたいのです。

各グループ、再会ミーティングの調整が終わると、つづいて「ＬＭＰ10の基本習慣」からテーマを選んで、自身の体験と照らし合わせたケーススタディを発表。

塾長からのアドバイスがあって、その後「ほめ達」、「感想と決意」でモチベーションをより一層高めて、塾は閉会します。

——とにかく、一瞬でした。

少しでもエッセンスを持ち帰ろう、と決意していたのですが、志あるリーダーたちに囲まれ、活気のある中、「楽しいなあ」と思っているあいだに終わっていました。

「1回だけではなかなか。やっぱり〈つづける〉ことに価値があるんですね」

塾長に尋ねると、

「そうやな。つづけている人は良い方向に変わってくるな。最初に、表情が変わってくるわ。良い笑顔をするようになるねん。それから、聞き上手になっていくわな」

「良い笑顔で、聞き上手」

「もうその時点で、かなり人間関係力が高まってるな」

「はい、そう思います」

塾に参加していた何人もの顔が思い浮かびました。

「それから〈志〉がどんどん明確になっていく。やることがはっきりしていくわけやな。そうすると、いろんな協力者が現れて、その輪が広がっていく」

塾だけで終わらない「再会ミーティング」の効果も大きい、と語ります。

「みんな、こうして成長していく。共通の変化っていうのかな。そうなれば、自然と成果がついてくるわけやな」

「そうなんですね」

事実、最近でも「人持ち人生塾」で成果を出している方たちがたくさんいます。

◆西亀 真さん

西亀さん、僕は亀さんと呼んでいるのですが、――亀さんは盲人です。

人生の途中、47歳のときに失明しました。

でも今は、見えていたときよりも「幸せ」というのです。

障がいをどう捉えるか。

亀さん自身、どんなことも「未来への扉」と思えるようになった体験を通じて、「幸せの入り口屋」として、講演活動や「心眼塾」などを展開。

ちなみに、「心眼塾」は、塾長によるネーミングです。

人持ち人生塾の中で良い仲間たちと出会い、亀さんの人柄の良さも相まって、「心眼塾」がますます広がっています。

「心眼塾に行くと、亀ちゃんやスタッフの優しさ、大らかさに接することができて、心がどんどん広がっていくんです」

参加者から笑顔がこぼれます。

また、念願だった著書『幸せの入り口屋〜いらっしゃいませ〜』も出版。その中にも「ＬＭＰ」のこと、横井塾長のことが語られています。

じつはその著書、僕が編集を担当させてもらいました。塾長が、亀さんと僕をつないでくれて、タッグが実現したのです。

さらに、出版の関わりだけではなく、僕の住む岡山県真庭市でも、亀さんの講演会を企画、開催させてもらい、多くの感動を届けることができました。

亀さんをサポートしている「幸せの入り口屋」の心優しい方々も、みなさん素敵な「人持ち」で、誰もが「〈幸せの入り口屋〉って、素晴らしいチームですよね」と声をそろえます。

◆川西 聡雄さん

川西さんは、俳優です。――みんな、トキオさんって呼んでいます。

天真爛漫で積極的、しかも筋が通っていて、「俳優ってやっぱりオーラがあるんだな」と感じずにはいられません。

相手の話を、真正面から受け止められる器があって、リーダーシップも発揮。LMP志コースのインストラクターになっています。

ですが、塾に来たときは、ある撮影現場で失敗して、俳優としての自信を喪失していたそうです。覇気がまったくなかった、といいます。

そんなトキオさんを、人持ち人生塾の塾生たちは真剣なフィードバック、温かいフォローで励まし、応援しつづけました。

そしてトキオさん自身も「会う・聴く・喜ばせる」の「人間関係力」を、塾長とビリーさんのもとで徹底的に磨き、少しずつ仕事の幅が広がっていきました。

LMPでも、仲間の「志」確立をサポート。

「トキオさんに聞いてもらうと、自分でも気づかなかったような、深いところからの想いがふしぎと出てくるんです」

いつか、NHKの番組を観ていたら、いきなりトキオさんが出てきて、思わず「あっ、トキオさん」とテレビを指差して、叫んでいました。

ある空港にも、トキオさん中心の垂れ幕ポスターが貼り出されていて、自分ごとみたいに嬉しくて誇らしくて、ポスターを見るためだけに空港へ行ったりしました。

何より、ＬＭＰのご縁から、あの有名な「シルク・ドゥ・ソレイユ」の主演に抜擢。

これからもトキオさんの活躍に、目が離せません。

◆宇佐見 博志さん

大手企業に勤めていた宇佐見さん、――通称、ヒロさん。

はにかんだような笑顔から、温厚さと誠実さがにじみ出て、人間味たっぷりです。

そんなヒロさん。

会社勤めとはべつにチカラを入れていた、７世代先のことを考えて、人や地球環境を守っていくＮＰＯ法人「セブン・ジェネレーションズ」の代表理事に就任したことを機に、退職。

ただ、思い切って退職したものの、「これから何を仕事にしていこう」と、わからずにいました。

そんなときに出会ったのが、ＬＭＰ人持ち人生塾です。

塾長との再会ミーティングによって関わりを深め、素直に、また柔軟に「学び」を吸収していきました。更にＬＭＰ志営業塾にも参加しました。

具体的には「会う」ことからはじめて、「聞き上手」に徹し、１００名以上の人たちに会っていったのです。その中で、良い仲間たち、協力者たちがどんどん増えていきました。

その仲間たちのおかげで、経営者向けセミナーを開き、企業内研修をしたり、活動に広がりが生まれてきました。


さらに「志」が、はっきりとしてきました。それまでは、やることがたくさんあって、どれに集中すればいいのかわからなかったようです。

志が明確になってきたことで、「自分は何をやっていくのか」が実践レベルに落とし込めるようになりました。

会う人たちも変わっていき、「ステージが上がった」という実感を得ました。

「会うっていうことに対する自分の感覚が変わったんだと思います」

ヒロさんは、そう話します。

「これまでは〈自分のことをどう話すか〉ばかり考えていて、人と会うときに緊張していたんですけど、今は〈会う・聴く・喜ばせる〉という軸があるので、とても自然体で接することができるんです」

塾の仲間たちは口をそろえます。

「ヒロさんの人間力、経営力はすごいです。ヒロさんが入ってくれたら、どんなプロジェクトもパパっとまとまってしまうんです。まさにスーパーコーディネーターです」

今では、塾長とタッグを組んで、企業内の「幸せなチームづくり研修」や「志営業塾」のコーディネーターを行なったり。ますますＬＭＰの活動を加速させています。

◆清水 抄智子さん

清水さん――みんな、さっちゃんと呼んでいます。

包み込むような笑顔とうなずきで、じっくりと話を聞いてくれます。

「じつは、ガンになったんです。手術も２回して」

明るい笑顔で、さっちゃんは言いました。

「えっ、大丈夫なんですか」

「うん、もう大丈夫」

ガンが発覚するおよそ半年前、そのころのさっちゃんは「私に生きてる価値なんてあるんかな」と思うほどマイナス思考。

面白い話もできない。人と会っても、黙って話を聞くぐらいしかできない。何の能力もない。何をするにも、まず否定から入る、そんな生活を送っていました。

ある日、たまたま合田さん、――ジャイアンと出会います。

そのときに、ジャイアンの笑顔、人柄に心を奪われ、「この人、すごいなあ」と思いながら、楽しい時間を過ごしました。

しかし、そこでもマイナス思考が顔を出してしまい、

「私って、つまんないでしょう」

そう言いました。

すると、ジャイアンは心底驚いた顔をして、

「えっ、いや。さっちゃんはすごいで」

と言うのです。ジャイアンはつづけて言います。

「だって今日、ずっと僕の話を聞いてくれてたやろ。人ってね、話したい人のほうが圧倒的に多くて、人の話が聞けるのって、ほんまに少ないねん」

「そうなんですか」

「さっちゃんはずっと真剣に僕の話を聞いててくれた。すごい聞き上手、それって才能やと思うねん」

生まれてはじめて、コンプレックスが認められた瞬間でした。

さっちゃんは、ジャイアンに尋ねます。

「どうして？　どうしてそんな考えができるようになったんですか。何かきっかけがあったんで

すか」

「僕はもともとこういう性格で、肯定思考やっててんけど。でも、こういう考え方を教えてくれる師匠がいて。ものすごくええ人で、ネットワークもすごく広いんや」

その師匠こそ、横井塾長でした。

さっちゃんはそれから、塾長のことを調べに調べて、本を買い、ＣＤももらって、やがてＬＭＰ人持ち人生塾に入り、ＬＭＰの学びを吸収していきました。

肯定思考がどんどん根づいていった、と話します。


そして、ガンが発覚。

けれど、そのときには肯定思考が身についていた、さっちゃん。

一瞬だけ落ち込んだものの、

「これは絶対、神様からのプレゼント。今の私にはこれが必要なんや」

そう思うことができました。

現在は、歯科衛生士、リンパマッサージ師として活躍する傍ら、「聞く」コミュニケーション力を生かしてＬＭＰのインストラクターとしても活躍しています。

塾生は、さっちゃんのことをこう言います。

「さっちゃんは〈人持ち人生塾〉の、マザー・テレサ。いろんなことを全力でサポートしてくれるんです」

◆LMPネットワークの広がり

「修学旅行っていうんかな、課外授業っていうんかな」

机上の学習だけではなく、「実践」や「現場」も重んじるLMP。経営者たちが実際、社内でどのようにLMPを生かしているか、という企業訪問も実施しています。

そして、各地ツアーの開催。

定番は、塾長が持つ財団「横井人間力財団」をめぐる、剣山ツアーです。

毎回、20名近い人たちでわいわいと楽しみながら、サムシング・グレートを感じたり、LMPの学びを持ち帰る、「面白くてタメになるツアー」を行なっています。

各地で行なわれている「人持ち人生塾」を訪問して、合同塾を開いたり、企業訪問や観光をしたりするのも楽しいイベントです。

とくに、三重県の伊勢へ行き、中村文昭さんの「クロフネファーム」で昼食を食べ、加藤社長の「ほめちぎる教習所」での「感動の卒業式」を見学するのは、ゴールデンコースです。

日本だけに留まらず、海外、――LMPと関わりのあるところ、にもよく行っています。

「思い出深いのは、文ちゃん（中村文昭さん）と一緒に行った台湾かな。文ちゃんが橋わたしをしてくれて、飛虎将軍の神輿を奉納しに行ったんや」

第二次世界大戦の末期、台湾上空の攻防で撃ち落とされた日本機が、意図的に民家を避けて山へ激突。市民を救ってくれたことから、飛虎将軍として拝まれています。

それを聞いた文昭さんが、飛虎将軍の神輿をつくって奉納したのです。

「日本の先人たちは、目先にある自国の利益よりも長期的な視野で、台湾が良くなるための教育や、治山治水事業などに貢献したんやな」

塾長は言います。

「そのことに今も感謝してくれていて、台湾は東日本大震災のときも、世界で一番たくさん寄付してくれたんや。日本の海外貢献、そのひとつのモデルと違うかな」

また、「バリの兄貴」に会うため、バリツアーをしたことも良い思い出、と言います。

もともと倫理法人会で研修したことがきっかけで、親しくなった土屋篤さん。土屋さんは情に厚く、男気のあるリーダー。散髪屋チェーンを展開しています。

そんな土屋さんに紹介されたのが、明るく、個性ゆたかな作家のクロイワショウさん。ベストセラー『出稼げば大富豪（映画「神様はバリにいる」の原作）』の著者です。

ご縁がつながり、今度はクロイワショウさんに紹介されて、「バリの兄貴」に会いに行きました。

「兄貴はとにかく、エネルギーとサービス精神の人。毎晩、深夜まで来た人のために、いろいろと体験談とかアドバイスをしてくれるんや」

バリの兄貴に会うため、日本から年間3000人もの人が訪れるといいます。

「海外で活躍をする日本人を見ると、嬉しくて、すごく元気がもらえるなあ」


世界でいえば、日中交流のパイプ役を務める大物リーダー、肖さんに案内してもらい、中国古典の大家、米《べい》先生に会うため中国の長沙へも行きました。

中国には、中国古典を学ぶ私塾が、3000ぐらいあるそう。

米先生はその中で、ナンバーワン。何千人もの塾生が、大都市十数ヶ所で学んでいました。

中国古典を学んでいるだけあって、塾生はみんな礼儀正しく、学習意欲旺盛。

現地で行なった、塾長によるLMP講座も熱心に受講してくれました。

「マスコミを通じて知る中国とはぜんぜん違ったわ。近年の中国経済、躍進のベースにはこういう人間力を学んでいる立派な経営者がたくさんいるんやな」

もっと相互協力していきたい、と塾長は語ります。

塾長の人間好き、コラボ好きは国内に留まらず、国際的にどんどん広がっています。

2 良きパートナーたちとのコラボ研修

人持ち人生塾を軸として、良きパートナーたちと積極的にコラボもしてきました。

◆LMPビジョンコラージュ

コラボを語る上で欠かすことのできない存在、それが何度も登場している、角谷俊彦さん――通称、すみやんです。数十年、横井塾長を支えてきた角谷さん。

商店広告デザイン会社の社長であると同時に、「志を達成する」イメージを「見える化」させるプログラム、「ビジョンコラージュ」の開発者でもあります。

ボード上に、自分の「達成イメージ」を思い描き、写真やイラストを貼っていく。その過程で、達成イメージの精度がどんどん上がっていくのです。

そして完成したボードを日々、目にすることで、イメージしていたものが「実現」していく、と「幸せなチームづくりセミナー」でも取り入れています。

「ほんま、見てたら実現するわ」

塾長は寝室に掛けて、毎朝見ていると言います。

◆ⅠB「志」営業塾

押し売りとは無縁、「聞く営業」の達人、山下ビリーさんとタッグを組み、「営業」という点から「人持ち人生」を実現していくプログラム。

すでに100名以上の卒業生を輩出して、現在進行形で成果を上げています。

そのポイントは、「会う・聴く・喜ばせる」を徹底している点。

また、プログラムの中で行なう「営業の基本サイクル」の実践によって、確実に成果へつなげています。

具体的には、「コミュニケーション・きっかけ・プレゼンテーション・クロージング・アフター・幸せなチームづくり」という基本サイクルを100人の人たちに会いながら体感。

自然体のまま、良い縁が生まれ、成果すなわち、売り上げに結びついています。

◆LMP志コース

LMPの原点、――それこそ「志」の明確化です。

人間関係力に重きを置いている、という印象の「人持ち人生塾」ですが、もともと30年以上、この「志の明確化」にチカラを入れてきました。

志の明確化が、すべての原動力になる。

変化の激しい現代だからこそ、「不動」のもの。自分のなかで「確固たるもの」を持つことが望まれているように思います。

しかし日々の中で、なかなか「志を立てる」時間を割くことができなかったり、方法がわからなかったり、「これだ！」というものが見つからなかったり。

そのため、「志を立てる」コースを、俳優のトキオさんや他のインストラクターとタッグを組んで、開催しています。

◆幸せなチームづくり研修

企業内で「10の基本習慣」を定着してもらうための研修も行なっています。

ただ定着させるだけではなく、「理念・ビジョン・信条」と連動しながら、習慣化につなげていけるような研修になっています。

塾長が試練のときに出会った、ネクサス税理士法人の角田祥子さんとタッグ。

角田さんは、稲盛和夫さんのアメーバ会計を極め、歯科業界、介護業界に多くのファンを持つ、塾長の良きパートナーです。

そんな角田さんとコラボして、実践事例にも登場した真清会、むらまつ歯科など、「幸せなチームづくり研修」として、成果を上げています。

「角田さんは、女性らしいゆたかな感性を持っている上に、仕事がら、分析能力、論理構成力にも長けていて、人間あるリーダー。〈横井人間力財団〉も、角田さんの協力があったからできたんや」

実践事例⑦

「大家族主義の経営」

（株）青木松風庵：青木一郎

大阪土産の定番、みるく饅頭「月化粧」お菓子屋として「おいしさ」を追い求めて、大阪と和歌山に「青木松風庵」、奈良と東京に「天平庵」の計35店舗を展開。

主力商品「月化粧」の取扱店は、ゆうに１２０か所を超える。

青木松風庵での研修を終えるたび、塾長は熱っぽく言う。

「青木ファミリーは最高のファミリー。個性の違う親子が、共通の志と素直さで一体となっている。めちゃめちゃ雰囲気のええ会社やで」

事実、取材の中で何度も、「お客さまに喜んでいただく」、「仲間にも喜んでほしい」と青木社長は社内外問わず「おもてなし」の重要性をくり返していた。

しかし。

リーダーを任された当初は、どうすれば良いのか全然わからなかった、と言う。

そこからどういう学びを得て、社長として成長できたのか。

みんながいきいきと働く会社になったのか。

月化粧は、甘く、やさしい。

お菓子づくりにはきっと、つくり手の人柄が出るに違いない。

そんな素敵な人柄の仲間たちが集まる、「青木松風庵」の秘密を探ろうと、青木社長にお話を伺った。

◆5才で将来の夢はお菓子屋さん

昭和2年に、ひいおじいさんがお菓子屋をはじめました。

ただ、僕の祖父が次男だったんです。だから、父が「このままだと自分の息子にお菓子屋を継がすことができない」「もっと自由に美味しいお菓子をつくりたい」と思い、さらに母も「一期一会のおもてなしをしたい」という思いから独立の準備を進めました。

独立する間際に、祖父と祖母が加わり、4人で昭和59年、「青木松風庵」を創業しました。

ですから祖父が初代社長になっていますが、もともと父、母が2人で独立するつもりだったので、父が実質的な創業者となります。

父は、常にまじめで一所懸命、美味しいお菓子をつくる職人でした。

一方の母は販売を担当。茶道もしていたので、一期一会のおもてなしを重んじた販売を行なってきました。

父が美味しいお菓子をつくって、母が良い販売をする。この両輪で、お菓子屋として成功してきたと思います。

小学生のときから手伝いをしていました。お菓子屋は、学校が休みのときほど忙しいんです。ゴールデンウィークには柏餅の葉を巻き、夏休み中のお盆には水羊羹にシールを貼って、冬休み中の年末年始には上生菓子にフタをかぶせて、春休みのお彼岸には商品の仕上げを手伝って。

まさに猫の手も借りたいほど。小学生の手でも借りたい、ということで、僕も妹も子どもの頃から手伝いをしていました。忙しかったですけど、楽しかったです。

幼稚園で行なわれた、５歳の誕生日会。将来の夢はすでに「大きくなったら、お菓子屋さんになりたい」とみんなの前で発表していました。

大学進学の際、複数受かっていたので、進学先には悩みました。

ただ、父から「近畿大学が良い。近畿大学は学生数が多く、将来何かあったときには先輩や後輩が多いほうが良い」と言われ、近畿大学に入学しました。

実際、近畿大学のつながりは広く、「近大サミット」という近畿大学卒業生の経営者が集まる場にも参加できているので、父の言うことに間違いがなかったと思っています。

◆家業に入り、1年間修行

高校時代からアルバイトとして働き、大学時代には洋菓子の責任者をしていました。そして、大学卒業後、取締役として入社しました。

その際、父は新入社員として入社させようか、取締役として入社させようか。悩んだようです。けれど、祖父がアドバイスをしてくれたようです。

「一郎を社長にするか、しないのか、迷っているのか」

「いや、迷ってない。一郎を社長にする」

「ではわざわざ、まわりと同じにしなくていいだろう。他とはもうすでに違うんやから、最初から違うのでいいだろう」

そういうやりとりがあって、取締役として入社させてもらいました。

半年ぐらい働いて、それから約1年間、修行のために四国のお菓子屋、「株式会社ハタダ」へ行きました。株式会社ハタダでは、「マジパンコンテスト」に出展。努力をカタチにする楽しさを体験して、組織をレベルアップさせていく方法を教えていただきました。

また、取締役として入社した青木松風庵とは違い、一社員として従業員の気持ち、モチベーションの大切さを感じました。

もう少し修行をする予定でしたが、ちょうど新しいブランド「天平庵」を奈良に立ち上げる、ということで、修行の予定を切り上げて、奈良へ向かいました。

そして、いきなり新ブランドの庵主として奈良で責任者を任されました。まだ26歳と若く、何をどうすれば良いのか全然わからず、ずいぶん戸惑いました。

リーダーとして、また管理職として、知識と経験が圧倒的に足りていないことを痛感しました。

それを埋めるために、天理ＪＣ（青年会議所）に入会したり、多くの研修を受講するなど勉強をはじめました。

◆ＬＭＰとの出会いで人生と経営の基本を学ぶ

――その中で出会ったのが、ＬＭＰでした。

今なら、人前で話すことは何の苦にもならないのですが、当時は、すごく苦手なのにも関わらず、仕事上とても大切だったので悩みました。

とにかく苦手で、話すことをすべて原稿にして読むような感じでした。

でも、塾長と出会って、話し方のコツ、「箇条書きにしてから話す」などを教わって、劇的に変わりました。

そして毎月、塾へ行くようになりました。

当時、僕はわからないなりに「忙しい、忙しい」って言っていて、うまく時間をつくれていませんでした。

でも、塾長から「ＬＭＰノート」をいただいて、スケジュール帳として使用しながら、ビジョンを書いて、今年の目標を書いて。

その逆算から今月は何をする、今週は何をする、今日は何をする、と落とし込んでいきました。

衝撃的でした。そうすることによって、頭が整理されて、「今、何をするべきなのか」が明確になっていったのです。

「良いと思ったら、すぐにやる」

いつもそう思っているので、僕だけが聞きに行くのではなく、すぐにＬＭＰの研修を、社内に取り入れました。

研修を行なうと、すぐにみんなが元気になっていくのが、手にとるようにわかりました。

きっとみんなが少しずつ抱えている、悩みや不安が晴れていき、新しい悩みが出なくなるんだと思います。

人間力が磨かれて、店の売上も上がっていきました。

◆父の無言のバックアップ

父は、社長を交代してから、僕が質問をすれば答えてくれましたが、僕の決めたことには一切、口出しをしませんでした。

でも、後から言われたことがあります。

「次年度のＪＣの理事長が決定したとき、まわりの人はいつも〈あの人で大丈夫なのか、理事長になれるのか〉と言うが、まわりから頼りないと言われても、任された人間は全力で1年間を走り切る必要がある。代わった以上は、本人が全力でやるしかないんだから」

父親はつづけて言いました。

「代わろうとしているのに、後継者がまだ悩んでいるのなら、もう代わらないほうが良い。そんな人には任せるべきではない。任せた以上は口を出さないと決めている」

きっと、ここに事業継承のポイントがあるような気がします。

最近、コンサルタントの方が、比較的はやく社長交代をして、しかも問題がなかったので事業継承についてよく聞きに来られます。

父も、ＪＣの一員でした。
昭和59年1月に創業して、３月にはＪＣに入会しています。
創業してまもなく、しかも年中無休の個人店です。お菓子をつくって、ＪＣに行って、帰ってきてまた
父は「ＪＣをしたことで今の自分がある」と言っていたので、僕がＪＣでがんばることを応援してくれました。

僕と父親は、性格が全然違います。また、父親と母親も全然違います。

僕はどちらかと言えば母親寄りで、妹が父親寄り。互いの強み、弱みを補いながら、そのバランスを取って経営している感覚です。

もちろん意見の違いはあって、でも父親が譲歩してくれ、こちら側の意見を汲んでくれた、ということがたくさんありました。

父親と母親が、僕にそう思わせてくれたように、9歳と7歳の僕の子どもたちにも、「お菓子屋になりたい」と言ってもらえるようなお菓子屋でありたいな、と思います。

考え方、精神は「家業」でありたい。仲間の待遇やシステムは「企業」でありたい。そして、双方の良いところを取り入れた「会社」であるべき。

父からずっと言われつづけていることです。

◆オンリーワンへのこだわり

青木松風庵は、和洋菓子の製造販売を行なう会社です。

中でもオンリーワンは、和菓子の命である「餡」にこだわって、100パーセント自家製餡をしている点です。

和菓子屋が餡をつくるのは当たり前に感じるかもしれないですけど、小豆や豆から自社で炊いている会社は、10社に1社ぐらいしかないんです。

なおかつ、商品によって、餡の種類を変えているので、餡だけで百何十種類もあります。これも強みだと思っています。

一番の主力はやっぱり「月化粧」です。

お子さまからご年配の方まで、幅広い方に好まれています。おかげさまで現在、年間の売上個数は、１２００万個以上です。

大平サブローさんのＣＭのお陰もあって、認知度が上がっています。

「こんな美味しいお菓子食べたことがない」

そう言ってもらえることが、食文化への貢献だと考え、商品の改善と開発には、製造・販売が一体となって取り組みつづけています。

◆大家族のような幸せなチームをつくりたい

お菓子屋は忙しい時期と暇な時期がはっきりと分かれます。忙しい時期が終わるといろんなイベントを行ないます。

まず年初の1月4日の新年互礼会です。

社外からの来賓者、そして４００人の仲間に集まってもらい、５００名超のゲストに、昨年の報告と今年の方針を伝えます。

さらにパーティでは、さまざまな表彰や各部署の有志によるダンス、演芸などの出し物を行ないます。

忙しい中でよく準備をしてくれて、とても楽しくレベルの高い芸を披露してくれます。大家族の一体感を感じます。

春のお彼岸のあとは花見、ゴールデンウイークのあとは社員旅行（仲間旅）、お盆のあとは納涼会。

がんばるときは、がんばる。その分、遊ぶときは遊ぶ。

メリハリのある会社だと思います。


僕の「志」は4つの経営理念に集約されています。

「お客様を大切にすること」

「おいしいお菓子をつくること」

「仲間とその家族を大切にすること」

「地域社会に貢献すること」

この4つを高いレベルで実践することです。

その中心にあるのは「人」と「チーム」の成長です。

LMPで学んだ人間力を磨く「10の基本習慣」は定期的に再学習しています。

今年から改革、革新のアワードを実施して、500名以上の仲間の知恵を拾い上げたいと考えています。


塾長とは「社内研修」や「JC志クラブ」で定期的に会っています。

進歩無限を日々実践している姿は、僕にとって良いモデルです。僕もリーダーとして日々革新して、「幸せな人持ち人生」を歩みたいと願っています。

実践事例⑧

「幸せなチームづくりが最大テーマ」

永野設備工業（株）：永野 祥司

大阪の岸和田を拠点に、水まわりの設備工事を中心に行なう永野設備工業株式会社。住宅に限らず、ビルや介護施設、保育園、道路の本管など、総合的に対応している。

それだけに留まらず、インターネットを通じた住宅設備機器、トイレや洗面、給湯器、コンロの全国販売、取り換え工事など、挙げはじめたらキリがない。

業種が多岐にわたる、というだけではなく、細やかな対応から、全国に12万人の顧客を持ち、提携している工務店、水道屋さん、ガス屋さんは全国に広がっている。

塾長は言う。

「永ちゃんは、強運と愛嬌を兼ね備えているリーダーやな。永ちゃんと会うと、ふしぎと心が穏やかになるねんなあ」

そんな永野社長は、塾長から教わったと言う。

「幸せな人のまわりには、幸せな人が集まってくる。幸せな人が集まると、幸せを感じられて、もっと幸せになっていく。すると、さらに幸せな人が集まってくるんです」

そうして「幸せなチームづくり」を実践している永野社長。

しかし、はじめから「幸せなチーム」だったわけではない。ある経営者との出会いがあって、やがて「幸せなチーム」へと至った。

永野社長の中で、何が変わったのか。

そして、その変化をどう社員全員に伝えたのか。

社内外に限らない、良きパートナーの輪を広げている。その秘密を探るべく、永野社長にお話を伺った。

◆水道屋になろう

僕のルーツは、父親にあります。

父親は毛布の製造をしていました。僕が小学校低学年ぐらいのときはとても景気が良くて、いろんなところに連れていってくれたり、いろんな経験をさせてくれました。

——ただ、徐々に不景気になっていって。

不景気になっていくと、夫婦喧嘩が絶えなくなりました。いつも口論になっていて、しかもその内容って、お金のことばかりなんです。

中学生になるころには、お金の喧嘩しかないような状況でした。

それを目の当たりにして、僕は「もう景気に左右されたくない」とはっきり思っていました。

毛布のように、海外のものを輸入するのではなく、国内で、あまり景気に左右されず、安定的に稼げるもの。絶対になくならないもの。

「……手に職をつけたほうがええかな」

そんなとき、家の水道が壊れる、ということがありました。

水道工事の社長さんが修理に来てくれて、父親と知り合いだったこともあり、２人で世間話をしていました。その会話が、僕の耳に入ってきたんです。

「水道屋はええな。仕事なくならへんからな」

そう言う父親に対して、水道屋の社長は謙遜することなく、「ほんま、水道屋はええよ」と言ったんです。僕にとっての出会いでした。

「……水道屋か」

たしかに、水まわりというものは、生活をする上で絶対になくなりません。

結果、高校生のときはすでに、はっきり「水道屋になろう」と思っていました。

同級生が広告代理店とかアパレルとか、ＩＴ業界とか。そういう就職先を思い描いている中、「水まわり」と言いつづけていた僕は、ちょっと渋かったのかもしれません。

高校卒業後、水道に関連する企業に就職しました。

水道や空調関係の工事など、現場監督として入り、いろいろ勉強させてもらいました。図面とか技術とか、全般的な知識とか。

ただ、「現場監督だけやなくて、手に職もつけとかな」と思い、より職人として学べる地元の水道屋さんに転職しました。

そのときには、はっきり「独立したい」と思っていました。父親が自営業だったので、僕も「いずれは自営業を」って心のどこかにあったんだと思います。

独立したのは、25歳のときです。

ちょうど地元が、下水を切り替えるタイミングだったんです。

「独立するなら、今やな」

独立後は、得意先さんがひとつずつ紹介、紹介でつながっていって。

もう本当に紹介でつながっていきました。今の得意先さんはほとんど工務店から工務店、そしてまた工務店から工務店というカタチでつながり、展開していった方ばかりです。

◆インターネットで事業を広げる

順調に伸びはじめ、もっと伸ばそうとITを活用しました。

もともと販売目的で、インターネット機器を取り扱いはじめたんですけど、「安く買ったはええけど、誰につけてもらったらええねん」という話があって。

「……あ、ほんまや」

だから取り付けられる地元だけを商圏にしていたんです。

でもそのうち、提携している東京の業者さんが「東京だったら、僕たちが付けに行きますよ」と言ってくれて。

そういうくり返しで全国に広がっていきました。システムを構築して、工務店と提携していったんです。結果、さらに伸びて、全国に10万人ぐらいの顧客ができました。


正直なところ、売り上げを伸ばすことに関して困ったことがありません。

――唯一、「チームづくり」という点を除いては。

チームという点では、うまくいっていませんでした。

たとえば、僕がどんどん仕事を取ってきたとしても、その仕事をしてくれる人がいなければ、何もできません。僕ひとりがあがいても、みんながついて来ない。

そんなジレンマをずっと抱えていました。

無理やりさせてしまうと、みんな疲れ果てて、不幸になってしまう。伸ばそうと思ったら伸ばせるのに、体制が整っていないから伸ばせない。

「……このままフェードアウトしたほうがええんかな」

そう思うほどでした。


ＬＭＰと出会ったのは、そんな頃です。

もともと合田裕実さん、通称ジャイアンが主催していた「ＬＭＰ寝屋川塾」で出会ったのがきっかけです。その後、「ＬＭＰ岸和田塾」にも出入りするようになりました。

さらに中村文昭さんと出会い、「岸和田トリオ」と呼ばれるようになる石川さん、江川さんとの出会いもあって。

本当にご縁が重なっていきました。

僕は、ただ一度の「ＬＭＰ人持ち人生塾」例会に参加しただけです。

それだけなのに、どんどん人と人がつながって、輪が広がって。ずっと驚きっぱなしでした。今でも不思議に思うぐらいです。

◆幸せなチームづくりに本気で取り組む

ずっと課題に感じていた、チームづくり。

それが「幸せなチームづくり」へ向かったきっかけは、株式会社グローアップの米田社長と出会ったことです。

米田社長と出会うまでは、「数字さえ伸びれば」とずっと思っていました。

会社を大きくすれば、みんなに「大きくなるぞ」と期待感さえ持ってもらえたら、それが社員さんにとってのやりがいになる、喜びになる、とずっと思っていたんです。

だから僕自身、走りつづけてきたのですが、そうではありませんでした。

後ろを振り返ってみたら、社員みんなが疲弊しているような状態だったんです。

その点、米田社長は「数字」よりも「感謝」を優先されていました。

社員さんが幸せに働けるような職場づくり、感謝経営にチカラを入れているんです。これまでにない考え方だったので、衝撃的でした。

これまで売上のことしか考えてこなかったので。

でも、よくよくまわりを見てみると、横井塾長のまわりって「感謝経営」を大切にしている経営者ばかりなんですよね。

そう気づいて、「いっぺん、1年でもええから期限を決めて、とことん幸せなチームづくりをやってみようか」って。

社員みんなが、楽しく、喜んで働ける職場づくりに取り組みました。


まず、社員の負担を少なくする業務改善からでした。

仕事量を減らすために、これまで3回、4回と確認作業をしていたのですが、そもそも間違わないようなフローをつくれば良い、ということで簡単なシステムを導入。

結果、仕事量が半分ぐらいになって、時間的な余裕が生まれました。

その余裕を生かして、今度は「いかに楽しく働けるか」を考えました。

仕事の楽しさって、お客さまの喜ぶ顔にあったりするんですよね。だから、お客さまに喜んでもらうって素敵なことなんだよ、と伝えたくて。

たとえば、来社された方にコーヒーを淹れるときに、「永野カフェ」といってラテアートをするんです。

するると、お客さんはびっくりして写真を撮って、「こんな会社がありました」って報告してくれたりするんです。「わあ、すごい」って直接、感動を伝えられたらうれしいですよね。

そういう体験も、「幸せなチームづくり」のひとつかな、って思います。

肯定思考、笑顔、明るい挨拶。

ＬＭＰのひとつひとつを徹底していく中で、会社の方向性を「幸せ」にクローズアップした結果、みんなが同じ方向を向けたことが大きかったです。

これまで経営者と従業員さんって、違う方向を見ていたんです。

お金、にクローズアップしていたので、払う側ともらう側に分かれて。

払う側は「少しでも払うのを減らそう」と、もらう側は「少しでも多くもらおう」と、いわば対立関係にあったわけです。

でも、どちらも「何のために、働いているのか」なんですよね。

そう米田社長に教えていただきました。

何のために働くのか。それって結局のところ、「幸せになるため」なんです。それは経営者も従業員も変わらない。だからこそ、同じ方向を向くことができる。

本当に、米田社長にいろいろ教えていただきました。

期限を決めて、「とことん」取り組んだのが良かったんだと思います。

1年間の挑戦でしたが、「幸せなチームづくり」のために、会社の利益をすべて注ぎ込んでも良い、と考えていました。

飲みに行く、となれば、「ぜんぶ出したるから、好きなだけ飲みに行け」って。「とことん」というのが本当に良かったと思います。

やがて、「幸せ」という同じ方向を向いていく中で、社員さんから「これをやったら、面白いんじゃないでしょうか」という提案が出てきたんです。

こちらから「業務改善しよう」と言うのではなく、自発的にアイデアが生まれてきたんです。とても嬉しかったです。

先日も、「LMP人持ち人生塾」で「社内のサークル活動って面白いよ」という話を聞いたら、すぐに「フットサルチームがつくりたいです」と意見が出て。

「幸せを求める」

これが理念なので、「そのためなら、何をやってもかまわない」という雰囲気がつくれてきたのかな、と思います。

はじめに、僕のルーツは父親です、とお伝えしたんですけど、じつは今、父親は僕の会社で働いているんです。

会社を立ち上げて、3年目ぐらいのとき。

「仕事、手伝ってやるわ」

そう言って、父親が会社に入ってきたんです。

そのときは、「おいちょっと待てよ」と思いました。

「父親の借り入れは誰が返すんや」

ずっと反発し合っていたんですけど、少しずつ父親が僕を認めはじめて、同時に僕のほうでも「父親と一緒にやってきた」という感情が芽生えてきたんです。

実際、そうなんです。経営者になってはじめて見ることのできる「良いとき」も「悪いとき」も、事前に父親がすべて見せてくれていたので。

父親との時間は、僕にとっての財産になっています。

◆日本一幸せなチームをつくる

お客さまの喜びを通じて、日本一幸せなチームをつくる。

これが、今の「志」です。人を幸せにすることによって、自分も幸せを感じることができる。幸せを実感することができる。

塾長の言うとおりなんです。

幸せな人のまわりには幸せな人が集まって、幸せな人に囲まれているから、もっと幸せを感じられて。さらにもっともっと幸せな人が集まって。塾長はそのモデルです。

そういう輪の広がりが、「幸せなチームづくり」ということなのかな、と思います。

社員のみんなと、仕事の幅を広げていきたい、とも考えています。

山下ビリーさんから「信頼できる人と組んでいくこと」というアドバイスをいただいて、僕にとっての信頼できる人って、パッと浮かぶのって、やっぱり社員さんなんです。

だから社内で、起業アイデアを募集しました。

予想を超えるほど、たくさんのアイデアが出てきて。

たとえば、もともとやり手の女性社員さんだったのに、結婚して子どもが生まれて、いざ復帰しようとしたとき、まわりに気を遣って「社員ではなく、パートでお願いします」って。

こういうことがよくあるんですよね。

子どものことで、急きょ早退しないといけないから。定時に帰らないといけないから。休みをもらわないといけないから。

でも、そういうすべてをひっくるめて、女性が自分らしく働ける、パフォーマンスを最大限に発揮できる。そんな起業アイデアが出てきたんです。

時間はかかるかもしれませんが、じっくりと取り組む価値のあるアイデアです。

会社を強くする。それは結局、「パートナーをつくっておくこと」なんです。理念を共有しているパートナーをつくること。

幸せなチームづくりを通して、そういうパートナーをどんどん増やしていきたい。

これが僕の「志」です。

エピローグ

永遠の志

LMPは進歩無限

1 志が、人間力の核

「志が、人間力の核やな」

塾長は、そう断言します。

志を持つことで、情熱が生まれ、「肯定思考」になっていく。自分の進むべき道が見えてくるため、効果的な「ＰＤＣＡ」をまわすことができる。

さらに志を持つ者同士が自然と集まり、人間関係にも恵まれていく。

「志が、人間力を育てていくんや」

「……志のチカラ」

「そうや。まさに志のチカラや」

取材を通して、何人ものリーダーの「志」に触れてきました。

志を立てて事業に臨む者、事業に打ち込むなかで志に目覚める者、社員全員で志をつくっていく者。すべての「志」が熱く、人を引きつける魅力を持っていました。

僕はふと、思います。

「……僕の〈志〉はいったい、何なのだろう」

そんな僕を見抜いたように、塾長は笑いました。

「志っていうのは、〈もうすでに持っている〉ものやねん。もともと自分の中にあるものやから、思い出すっていうのかな」

「僕の中にあるもの」

「そう。たとえば、幼児体験とか、生まれた環境とか。そういうところに、〈志〉を思い出すヒントが隠れていたりするんやな」

塾長は、「よっしゃ」と気合いを入れました。

「〈志〉を発見して、明確化していく方法を伝えよう」

「ありがとうございます」

「まず、自分の強みを振り返ってみることやな。〈成功体験〉、〈問題解決の体験〉、〈両親・先祖の特色〉から強みを導き出していく」

「はい」


これまでの思い出深いできごとを、一つひとつ丁寧に振り返っていきました。

「今回は〈仕事〉の話をしてきたから〈仕事での喜び〉も思い出してみよっか。お客さんに喜んでもらった、魅力的な商品とかサービスの開発、チームの成長ぶりを思い出してみる」

それはまるで、瞑想のような時間でした。

「つまり、〈自分の強みを相手の喜びにつなげること〉が、志の種になるわけや。もちろん、事業にするためには、〈オンリーワンづくり〉と〈ファンづくり〉、〈幸せなチームづくり〉の仕組みをつくることが大切やで」

「はい」

「それを紙に書き出しておくこと。ある程度まとまったら、つぎは年度目標に落とし込んでみよう。理念・ビジョン・信条をつくって年度目標に当てていく」

「なんだか、わくわくしますね」

「つくりながらわくわくできたら、最高やで。自分の〈志〉に命が吹き込まれている証拠やからな。それから、ひとりで完結しないことやな」

「ひとりで完結？」

「そう。志を立てたら、人に話す、聞いてもらう。フィードバックをもらって、より精度を高めていく。日々、〈志を育てる〉感覚やな」

2 良い習慣で志を日々育てる

事実、塾長はＬＭＰで磨かれた「良い習慣」を日々実践し、「志」を育てています。

塾長の1日は、「早朝を活用する」ことからはじまります。

澄んだ空気の中、角谷さんのもとで作成した「ビジョンコラージュ」を見つめ、テンポ良く体操を行ないます。そして仏壇の前に立ち、先祖に感謝。

トイレ掃除で「心」もすっきりとさせ、しっかりとＰＤＣＡの時間を取ります。内容はこれから2ヶ月のスケジュールチェックをして、資料の作成。

さらに家を出て、近くの山上へ散歩。道中、お経を唱えたり、イメージトレーニングをしたり。神社参りをしてから家へ戻ります。

ここまでが、朝のルーティン。

また、考え方をより肯定的にして、潜在意識に成功の回路を組み込む「テープ学習」。先人の成功回路と自分の回路を同化させるため、くり返しテープを聴いています。

人間力を磨くもの、経営に関するもの、サムシング・グレートにまつわるもの。

このいずれかを朝、もしくは夜に聞き、その効果を塾長は実証しつづけています。

そして、自分のつくったＰＤＣＡをパートナーに伝えること。

1人ではなく、みんなに協力してもらうのです。そうすることで、やる気が増すといいます。

たとえば、塾長はＰＤＣＡをみんなと共有する時間を取っています。

横井グループの経営会議や人持ち人生塾のリーダー会など、さまざまな会を設けて、定期的にＰＤＣＡミーティングをしています。

すべてのミーティングに共通していることは、最後に参加者全員が、相互で「ほめ達」をして、「感想と決意」を述べ、前向きなエネルギーに充ちた状態で終わる、ということ。

就寝前も大切な「活用」の時間。

１日の終わりに、塾長は「感謝日記」をつけている、といいます。その日、感動したことを「◎」、感謝したことを「○」、そして課題と対策は「△」で書いていきます。

――まさに、進歩無限。

昨日より今日、今日より明日。日々、進歩していくための日課です。

ベッドに入って少し体操をして、イメージトレーニングを行ない、テープ学習をしながら眠りにつきます。

ＬＭＰが徹底的に、習慣化されているのです。

週末には、週単位と月単位のＰＤＣＡを見なおして、長めの運動をしたり、仲間たちとミーティングをしたり、人間力あるリーダーに関する映画を観たり。

良い習慣がそのまま、日々の「充実感」につながっています。

3 進歩無限

1日1万回、ありがとう、という感謝行をしていた頃、塾長は自分のイメージを変えるため、いつも笑顔でいることを実践。

みずから「笑顔のいっちゃん」と名づけて、「塾長といえば、笑顔」というイメージを定着させ、ファンを広げました。

最近では、塾生が「花咲かいっちゃん」と呼んだことをきっかけに、「花咲かいっちゃん」の愛称で親しまれることが多くなりました。

名前の由来は、塾長のまわりにいる人たちが、どんどん花を咲かせるようにブレークしていくからです。

「僕の人生いうんは、言うたら締めくくりに入ってるんや」

けれど、その口調は「終わり」ではなく、むしろ「はじまり」を思わせるぐらい、いきいきとしたものでした。

1日たりとも無駄にはしない。

その決意も、伝わってきました。

決して無駄にしない1日いちにちを、塾長は、

「縁のあるリーダーの成長サポート」

「そのために自身も学びつづけ、進化しつづける」

「終生現役。一生青春」

と決めています。


人というのは、みんなの記憶から忘れられたときに、この世から「本当の意味で」いなくなってしまうもの。

その中で、自分は何を残すことができるのだろう。

何を次の世代に伝えることができるのだろう。

もしかしたら、残すものは「モノ」ではないかもしれません。「モノ」であっても、そこに込められた想いであったり、物語であったりするのかもしれません。


誰かのために、という想い。誰かのために、という物語。

「……つまり、志」

志は生きつづけるもの、と塾長は語ります。


「ともちゃんの志が、まだやったな」

「……はい」

つづきがあるのかな、と思いましたが、塾長は話を変えました。

「この何ヶ月か、ともちゃんからの質問に答えながら、自分の人生をずっと振り返ってたんや。よく考えてみたら、僕の人生はすべて、サムシング・グレートの導きやったように思う」

「僕もそんな気がしています」

「おかげで、感謝と喜びがより一層感じられるようになった。そして何より、この本の監修を通して、これからの人生テーマが今まで以上に、鮮やかになったわ」

人間力あるリーダーの成長をサポートする。

さらに、人間力の核である「志」の明確化、その実現のためのフォロー。

「この本をきっかけに、そんな輪が広がっていったらええな」

「はい」

きっと広がっていくだろう、と思いました。

なぜなら、塾長のまわりにはいつだって、良い仲間がたくさんいて、塾長はそんな人たちとの出会いひとつひとつを大切にしているから。

——僕は、塾長と出会ったときのことを思い出していました。

「文章が書きたい。物語をつむぎたい」

ただその情熱だけで、独立。まだ事務所もない、お客さんもいない、何もない20代半ばの若造でした。

当然、まわりから笑われました。

「世の中、そんなに甘くないって」

「むりむり。才能あるの？」

たしかに、ぎりぎりでした。

何とか食いつなぐために必死で、もうだめだ、と思ったこともあります。

塾長と出会ったのは、そんなときでした。

「ともちゃん、おもろいなあ。いっぺん塾においで」

そう声をかけてもらったものの、まだまだ不安定で、成果を求めていた時期。「成果が上がらなかったら、お断りしよう」と思っていました。

――せっかく塾に行くのなら、成果がほしい。

恥ずかしながら、当時の正直な気持ちでした。

ところが、その思いは杞憂に終わりました。

ＬＭＰが提唱する「幸せな人持ち人生」には、「仕事で成果を上げること」も含まれていて、そのための学びやアドバイス、人つなぎが行なわれていたのです。

塾長から数えられないぐらい、たくさんの「志あるリーダー」を紹介してもらい、そのドラマチックな生きざまに何度、心を打たれたかわかりません。

そして実際に、いくつもの仕事が生まれました。

大きな会社の経営者だけではなく、僕みたいな小さな個人事業主も大切にしてくれることがとても嬉しくて、以前に尋ねようとしたことがあります。

けれど、塾長はそんな僕の質問をさえぎるように言いました。

「好きやから。嬉しいねん。こうして未来のある若者と一緒にいられることが。むしろ僕のほうこそチカラをもらってるんや」

あの頃から、僕は今でも「文章が書きたい。物語をつむぎたい」という抱えきれないほどの情熱を抱えて走りつづけてきました。

「……なあ、ともちゃん」

塾長に声をかけられて、我に返りました。

はっと見ると、塾長はいたずら少年のように笑っています。

「……ともちゃん、きみはもうじつは、自分の志、使命に気づいてるんと違うか？」

「えっ?」

塾長は、机の上にある書きかけの原稿をそっと撫でました。

「僕はな、この〈志のチカラ〉をシリーズ化しようと思ってるんや。今回は、僕が志を確立していく物語やったけど、みんなそれぞれ、いろんなパターンがある」

たしかに、8名の実践事例を見ただけでも、ぜんぜん違います。

「そのパターンをたくさん示すことで、もっとたくさんの人たちが自分の〈志〉を見つけて、〈幸せな人持ち人生〉を送ることができる」

「……はい」

――でも、それと僕の「志」って、どういう関係があるのだろう。

「ともちゃんには、人間力あるリーダーの良い面を引き出して、まとめていく素晴らしい能力がある。この能力を生かして、〈志のチカラ〉シリーズを書いていくこと」

「……えっ?」

「そうして、読んだ人たち、縁のある人たちの心に、いまだ眠っている〈志の種〉を咲かせていくお手伝いをしていくこと。これがともちゃんの〈志〉と違うかな」

「……」

言葉に詰まりました。

人間力あるリーダーの物語をまとめ、「志のチカラ」シリーズとして、読んでくれた人たちに「志の種」を咲かせるお手伝いをすること。

「ん?」

塾長が驚きました。

「ともちゃん?」

気づいたら、つーっと涙が流れていたのです。涙が流れるなんて。さすがに僕も驚きました。

けれど、胸が熱くなって、涙は止まりません。

塾長が伝えたかったことを、体感することができたのです。

「人生は、進歩無限の旅である」

その旅の途中で、僕たちはこうして塾長から「LMP」を学び、己の志と向き合い、幸せな人持ち人生の旅をつづけていくのです。

一日一生。今日が最後の日だとしたら、悔いは残らないだろうか。

一期一会。今日会う人と、これが最後の日だとしたら、悔いは残らないだろうか。

そうして「生き切る」塾長を見習い、「志」が立った今、僕も一日一生、一期一会の日々を生き切り、「幸せな人持ち人生を送ろう」と決意しました。

涙で言葉になりません。それでも静かに頭を下げました。
横井塾長、ありがとうございました。

あとがき

語り・監修者　横井悌一郎

本を最後までお読みいただき、ありがとうございました。

さて、あなたは、幸せな人持ち人生のためにどんなことを実践したいと思いましたか？

何かしら決めたら、それを明日からぜひ実践してください。

必ず良い変化が起こります。

私もこの本書の出版にかかわることで多くの学びがありました。

1．人生はいつでも変えられる

本書は甲田智之さんや塾の仲間からのインタビューに答え、それを甲田さんがまとめてくれました。

それを読ませてもらった時、ときどき否定的なとらえ方や言葉に気づきました。

それを肯定的なとらえ方や表現に変えていくことで、すごく前向きな気持ちになりました。

過去の事実を変えることはできない、けれど、とらえ方や表現は変えることができる。そうすれば未来への想いも変わってきます。

人生はいつでも変えることができるのですね。

2. 多くの良き縁に改めて感謝

人生の至る所で多くの良き師、良き仲間に囲まれていたことに、改めて気づきました。皆さんの支えのおかげでここまでやってくることができました。

本当にありがとうございます。

壁につき当たった時にアドバイスをもらったのに、私の未熟さで拒絶して縁がうすくなった人もかなりいます。

この場で心からおわびするとともに、言いにくいことを言ってくれて、多くの気づきを与えてもらい本当に感謝しています。

そしてその良きご縁の源はご先祖やサムシング・グレートのはからいであったと感じています。いつも見守り、道を教えてくれる偉大なる力に心から感謝します。

3. 人生はいつも今日からスタート

過去のご縁に感謝するとともに、与えてもらった多くの学びや縁を、これから続く人たちにバトンタッチしたいと強く感じています。

幸いＬＭＰの良きパートナーたちが成長し、いろいろなプログラムを伝えられる体制ができてきました。

私自身も講演やセミナーで波長の合う人たちに伝えたいと願っています。

人生はいつも今日からスタートです。

本書との出会いをきっかけとして、あなたが、志を確立し、良い習慣で実現のために力強く歩むこと、そして、あなたとの良き縁が深まることを切に願っています。

＜プロフィール＞

語り・監修■横井悌一郎（よこい ていいちろう）

1943 年徳島県生まれ。京都大学経済学部卒業。ピート会計事務所、中谷公認会計士事務所を経て、横井林業グループ代表となる。公認会計士。大阪青年会議所理事長（1981 年）。人間の無限能力の開発及び前向きなリーダーのネットワークづくりをライフテーマとして、1976 年に LMP 人持ち人生塾を創設。大阪、東京、徳島、熊本、伊勢、米子、神戸などで志あるリーダーを育成する。肯定的社風づくりと LMP 方式経営計画書の作成と浸透を企業内で指導、優良企業を育てる。

著者■「志」作家　甲田智之（こうだ ともゆき）

1984 年大阪生まれ。京都精華大学卒。「志」作家。ライティング・編集業などを経て、2016 年に岡山県真庭市へ移住。地域づくりに関する仕事をはじめ、もの書き・漆かき（かき・かき）をしている。全国に類を見ない「漆ヲ食ス会」などを企画し、多数メディアに取り上げられる。志ある人の物語を紡ぎ、読む人に本来の志を思い出してもらう「志」作家として本著がデビュー作。神戸のコミュニティ紙「ぽちっと神戸」で、童話も創作、連載している。

シリーズ「志のチカラ」①

幸せな人持ち人生

2018年11月4日　初版第1刷発行

語り・監修	横井 悌一郎
著　　者	甲田 智之
発 行 者	池田 雅行
発 行 所	株式会社 ごま書房新社 〒101-0031 東京都千代田区東神田1-5-5 マルキビル7F TEL 03-3865-8641（代） FAX 03-3865-8643
カバーデザイン	株式会社メイク 角谷 俊彦
タイトル・扉文字	角谷 俊彦・赤秋（せきしゅう）
D T P	ビーイング 田中 敏子
印刷・製本	精文堂印刷株式会社

ISBN978-4-341-08717-3 C0030

ごま書房新社のホームページ
http://www.gomashobo.com

水谷もりひと 著　新聞の社説 シリーズ合計 **11万部**突破!

ベストセラー!　感動の原点がここに。

日本一　心を揺るがす新聞の社説　1集

みやざき中央新聞編集長　水谷もりひと　著

大好評 15刷!

タイトル執筆 しもやん

●感謝　勇気　感動　の章
心を込めて「いただきます」「ごちそうさま」を/なるほどぉ~と唸った話/生まれ変わって「今」がある　ほか10話

●優しさ　愛　心根　の章
名前で呼び合う幸せと責任感/ここにしか咲かない花は「私」/背筋を伸ばそう!　ビシッといこう!　ほか10話

●志　生き方　の章
殺さなければならなかった理由/物理的な時間を情緒的な時間に/どんな仕事も原点は「心を込めて」　ほか11話

●終　章
心残りはもうありませんか

【新聞読者である著名人の方々も推薦!】

イエローハット創業者/鍵山秀三郎さん、作家/喜多川泰さん、コラムニスト/志賀内泰弘さん、社会教育家/田中真澄さん、(株)船井本社代表取締役/船井勝仁さん、『私が一番受けたいココロの授業』著者/比田井和孝さん…ほか

本体1200円十税　四六判　192頁　ISBN978-4-341-08460-8　C0030

大好評 7刷!

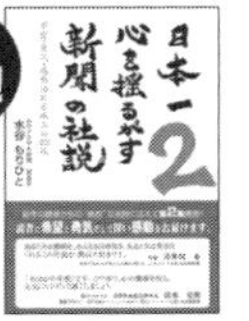

[あの喜多川泰さん、清水克衛さんも推薦!]

続編！“水谷もりひと”が贈る希望・勇気・感動溢れる珠玉の43編

日本一　心を揺るがす新聞の社説2

●大丈夫!　未来はある!(序章)　●感動　勇気　感謝の章
●希望　生き方　志の章　●思いやり　こころづかい　愛の章

「あるときは感動を、ある時は勇気を、
あるときは希望をくれるこの社説が、僕は大好きです。」作家　喜多川 泰
「本は心の栄養です。この本で、心の栄養を保ち、元気にピンピンと過ごしましょう。」
本のソムリエ　読書普及協会理事長　清水 克衛

本体1200円十税　四六判　200頁　ISBN978-4-341-08475-2　C0030

最新作 好評 2刷!

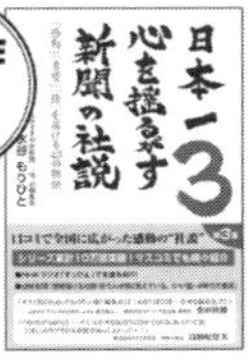

“水谷もりひと”がいま一番伝えたい社説を厳選！

日本一　心を揺るがす新聞の社説3

「感動」「希望」「情」を届ける43の物語

●生き方　心づかい　の章
人生は夜空に輝く星の数だけ/「できることなら」より「どうしても」　ほか12話

●志　希望　の章
人は皆、無限の可能性を秘めている/あの頃の生き方を、忘れないで　ほか12話

●感動　感謝　の章
運とツキのある人生のために/人は、癒しのある関係を求めている　ほか12話

●終　章　想いは人を動かし、後世に残る

本体1250円十税　四六判　200頁　ISBN978-4-341-08638-1　C0030

好評 2刷!

魂の編集長“水谷もりひと”の講演を観る!

DVD付　日本一　心を揺るがす新聞の社説 ベストセレクション

書籍部分：
完全新作15編+「日本一心を揺るがす新聞の社説1、2」より人気の話15編
DVD：水谷もりひとの講演映像60分
・内容「行動の着地点を持つ」「強運の人生に書き換える」
「脱「ぱらぱら漫画」の人生」「仕事着姿が一番かっこよかった」ほか

本体1800円十税　A5判　DVD十136頁　ISBN978-4-341-13220-0　C0030